# 探墓手记
——镜头背后的北京唐墓传奇

李欣　张妍　闫焓＼著

"房山长沟大墓发掘进行时"直播工作照

北京电视台台长赵多佳（左）在发掘现场

北京电视台副总编艾冬云（左）在发掘现场

房山长沟大墓直播现场

"房山长沟大墓发掘进行时"直播工作照

房山长沟大墓直播现场

房山长沟大墓直播现场

探墓手记——镜头背后的北京唐墓传奇

工作人员商讨直播方案

房山长沟大墓直播团队合影

# 目 录

序 言 赵多佳 / 1
前 言 李 欣 / 3

| 上 编 |

### 谁发现了大墓

谁发现了大墓 / 5
有个地方叫坟庄 / 6
九年两会 九次提案 / 9
云居寺的"门前三包" / 14

### 大墓的传说

初见大墓 / 21
是坟、是墓还是陵？ / 25
传说中的墓主人：鞑摩王 / 31
第二嫌疑人：海陵王 / 34
老书记的回忆 / 41
封门砖：向真理迈出第一步 / 43
似曾相识的富贵密码 / 49

## 幽州风云

先有潭柘寺，后有幽州城 / 55
地下"房产证"揪出幽州城 / 59
流水的节度使　铁打的幽州城 / 63
幽州城，疆场之外也有诗情画意 / 66

# | 中　编 |

## 那些没来得及展示的细节

墓室里的国色天香 / 73
被忽视的壁龛 / 76
主室西北角　奇怪的弧度 / 80
黑白通吃的洛阳铲 / 83

## 大定通宝引发的猜想

古墓：出土钱币的几种可能 / 90
四个字：写尽千年历史 / 93
大定：同一个世界同一个梦想 / 98

## 河北曲阳寻找唐墓参照物

汉白玉与草白玉 / 103
双墓室格局：墓主人身份显贵 / 105
相似的细节 / 110
曲阳大墓主人身份猜想 / 118

## 文武双全的墓中人

探访琉璃阁 / 123
大墓幸存的文武官俑 / 126
清理文武官俑 / 128

## 棺床的猜想

破碎的身份象征 / 135
被推下床的墓主人 / 140
祸起萧墙的迹象 / 149
双人房单人床 / 155

## 关于墓志铭

位置：谁把表扬信带进墓室 / 161
第二方案：起吊墓志的龙门架 / 165
猜测：墓主人墓志为什么被砸 / 173
图案：墓志盖为何上演"动物世界" / 176
文字：墓志铭里的信息量 / 182
推测：刘济夫人的墓志内容 / 188
等待：墓志打开却难见志文 / 192
弦外之音：权载之是谁？ / 195
真相：8月13日新闻发布会 / 197
随葬品集体亮相 / 199
意外：突如其来的发现 / 206
难题：给"粉末"翻身 / 211
墨迹：是文字还是图案 / 220

# 下编

## 刘济的那些垫脚石

薛仁贵之子：节度使第一人 / 227
张守珪：魔幻小说里的节度使 / 231
安禄山：让盛世拐个弯 / 234
王忠嗣：好榜样还是坏典型 / 239
家庭暴力要不得　贪婪是种传染病 / 241
继承人：不能探讨的问题 / 247

## 刘济在京遗迹

史料存疑：是"贞观"还是"贞元" / 251
刘济故居　白纸坊小学 / 254
面朝大海　春暖花开 / 257
人未死　心已远 / 260
致命的恩怨 / 262
老子、儿子和位子 / 267
刘总：主动放弃的血色权位 / 269
另一对刘氏父子 / 273
卢龙、平卢：一字之差的误会 / 276
迟来的爆料：夫人墓志内容揭晓 / 278

跋　艾冬云 / 282
后记一　李　欣 / 284
后记二　李　欣 / 286

# 序　言

"房山长沟大墓发掘进行时"是北京电视台历史上第一次对专业内容进行现场直播，也是新闻频道成立以来在自选主题直播上的一次突破。创新的代价是面对更多的困难、付出更多的努力，只有迫切的愿望和坚定的信心才会使一切难题变得渺小，新闻中心的直播团队正是在这样的动力下，出色完成了任务。而《探墓手记——镜头背后的北京唐墓传奇》的出版，则是我们记者团队职业敏感和主营传播领域之外的又一次新闻精彩呈现。

本书三位作者的名字或许读者们并不熟悉，但如果提起《这里是北京》栏目，大家也许就不陌生了。他们正是《这里是北京》幕后的主创人员，与栏目共同走过了九年的岁月。他们是一群热爱北京历史，坚守传播文化品质的电视人。一座城市拥有一档属于自己的文化栏目实属难得，一个电视人能为自己所在的城市苦尽智慧进行表达，这是一种光荣。

评价一个优秀栏目的价值，不是看它是否取悦了观众，而是看它在传播中给观众留下什么，是否让令人回味的甘泉永远留在观众的心田。而《这里是北京》的编辑记者们做到了。在当下这种浮躁的传播环境下，能坚守这份态度难能可贵。

我想，他们的底气来自于我们脚下这座城市深厚的文化根基，动力来自于记者们的责任感和职业热度。

《这里是北京》栏目是北京电视台唯一一档专注于北京历史文化的专题节目，在新闻频道、北京卫视、纪实高清频道三大平台播出，同时在海外播出平台上也有很大的影响力。这档节目是北京电视台在历史文化宣传方面的排头兵，也是我台积累历史文化影像资料的吸金石。九年来，节目几乎关注到了北京的所有胡同街巷、文物古迹，仅高清素材就积累了三千多盘，稿件多达数百万字。几年前，栏目衍生的图书、光盘入藏了首都博物馆，使越来越多的人意识到了影像资料的文物价值，同时也见证了这档栏目对于北京历史文化资料留存的巨大贡献。

本书的出版还有另一层意义，它突破了电视媒体复杂的影音元素，让文字的表达空间更广阔、更自由。每一个新闻事件隐藏在镜头背后的故事结集成文，完善电视媒体的遗憾，让新闻价值得到深度发掘。

房山长沟大墓考古发掘现场直播，北京市文物局舒小峰局长参与了全程策划，多位主管副局长协调各部门工作，专家们和考古队员毫无保留地对现场信息倾囊相授，《探墓手记——镜头背后的北京唐墓传奇》某种程度上也是对这些幕后英雄的一次致敬。

从现场直播到《探墓手记——镜头背后的北京唐墓传奇》的出版，"房山长沟大墓"这一题材在北京台创造了多个"首次"，但对于植根于文化沃土的主流媒体来说，对文物古迹的保护以及考古发掘的关注还远远没有结束。只要我们的工作在继续，对历史文化的传播就不会停滞。希望越来越多的重大历史文化题材能够登上北京电视台的荧幕，也希望越来越多的编辑记者，能够写出自己的代表著作。

北京电视台台长

# 前　言

房山长沟大墓的发现对于北京来说无疑是一个喜讯，背后有太多的人付出了努力。但是，有一个人，没能参与这次考古发掘工作，没能参与直播，无法看到《探墓手记——镜头背后的北京唐墓传奇》这本书，但是，却不能不提。

早在2000年，我与北京市文物研究所的宋大川、王武钰、程利等人曾经在石景山区老山汉墓的考古发掘现场并肩作战，十三年后的2013年，人数最全的一次再聚首竟是在追悼会上。

4月9日，北京电视台新闻中心通过了房山大墓的直播方案，迫在眉睫的是协调考古现场的直播间搭建工作，然而考古现场负责人程利的电话却始终打不通，我们辗转得知当年参加老山汉墓发掘工作的考古队员——如今北京市文物局信息中心主任——我们的老朋友王鑫因为肝癌晚期而病危，作为当年的战友兼同事，程利日夜守在ICU病房门口，无法接听电话。

傍晚时分，程利发来一条短信：王鑫走了！

故人的离去容易诱发记忆的喷涌，十三年前发掘老山汉墓的情景历历在目，当时正值7月，罩着保护大棚的古墓里犹如蒸笼。王鑫是个贪凉的人，总是喝着凉水吹着电扇，后来听说他得了风湿性心脏病，大概与老山这段经历有关。此后一别十三年，文物圈里的朋友知道我们有老山之缘，总会在第一时间传递他的动向，先是调到辽金城垣博物馆当馆长，后来又成了文物局信息中心的主任。我们的最后一次照面便是在府学胡同36号院的文物局里。谁都不曾想到，那一次没来得及搭讪的碰面竟成了永别。

2013年4月10号，我作为媒体中唯一一个文物局之外的人，参加了王鑫的追悼会，当年的老山战友们悉数到场，送了王鑫最后一程。

人世间有些巧合会带来惊喜，有些巧合却会加深伤痛。离开八宝山，我们便马不停蹄地赶往房山古墓的发掘现场，参加直播工作协调会。

考古是一项表里不一的工作，人们看它的眼光充满了猎奇，但这项工作本身却枯燥乏味。一项重大的考古发现能令世人瞠目，但考古队员却大都不善表达，更不会渲染。旁人关注的是价值连城的珍贵文物，但让它们重见天日的人却一世清贫。如今火爆荧屏的鉴宝节目，各路专家信心满满地指点江山，却很少有人知道，鉴定的真谛在于见过市面的多少，真东西见得越多便越能辨出假货。若论优势，哪位专家都比不上整天与出土文物打交道的考古队员们，但我们却很少在电视上看到过他们的身影。大多数人接触的历史是经过筛检与编纂的，甚至被文化过度包装的，而考古人所面对的却是赤裸裸的真实，或许正是这份真实让他们有了一种参透世事的低调。这种低调令我们这些记者无从下手，只有日日夜夜地同吃同住、并肩作战，才能走近他们的内心深处。十三年前我便是以这样的方式拍摄了老山汉墓的纪录片，十三年后情谊与信任还在，所以北京市文物研究所和房山文委都为促成直播做着积极的努力。

古墓周围都是等待开发的空地，简陋的厕所无法满足上百人的直播团队的需求，松软的土路承受不了直播车的重量。考古队员们平日里在几里地之外的驻地生火做饭，但直播现场却需要供应一百多人的盒饭。如何解决这些问题，对于北京台、文研所和房山文委来说都是未知数。然而为了力保直播，让更多人见证这项北京考古界的重大发现，各方单位都表示会积极想办法，全力支持。于是，才有了接下来的故事，才有了接下来的文字……

上 编

# 谁发现了大墓

大墓位置　　家族墓群

上编 / 谁发现了大墓

　　2012年6月22日早上七点，两辆考斯特驶出了韩村河会议中心，这里是距离房山区长沟镇坟庄村最近的住宿地点。两个小时之后，"房山长沟大墓发掘进行时"现场直播即将开始。

　　持续一周的三十几度高温在22日早上戛然而止，淅淅沥沥的小雨带走了暑热，却给直播工作平添了不少麻烦。原本设在考古现场之外的摇臂摄像机被迫取消。时间距离直播开始越来越近，雨也下得越来越急，仿佛催征的战鼓令人不自觉地感到紧迫。

　　大墓发掘现场的西侧，北京市文物研究所的几个年轻人撑着伞将几位老者迎下了车，踩着湿滑泥泞的砂石路走进了位于工棚改造而成的嘉宾室。

　　停靠在考古现场西侧的8讯道转播车上，工作人员整理着嘉宾字幕：中国社会科学院考古研究所研究员徐光冀、中国社会科学院考古研究所研究员安家瑶、中国人民大学历史学院院长刘后滨、北京考古学会会长齐心；北京市文物研究所所长宋大川等等，短短三个小时的直播，六位重量级嘉宾，大都年近古稀，与其说这是一场电视直播，不如说是一次北京考古界的风云际会。所有人最担心的问题就是直播会超时。因为关于这座长沟大墓，要说的内容太多太多。而我们与这座大墓的结识，要从3个月前开始说起。

## 有个地方叫坟庄

2013年3月30号，我们一大早就坐上了开往北京市房山区的汽车。在临近清明节的日子里，北京著名的堵点——杜家坎"杜大爷"因为位于房山祭扫专线上而更加拥堵。我们跟车窗外的大多"堵友"们的目的地一样，都是"墓地"，只不过人家是去祭拜已故的亲朋，而我们则与将要拜访的墓主人素不相识。

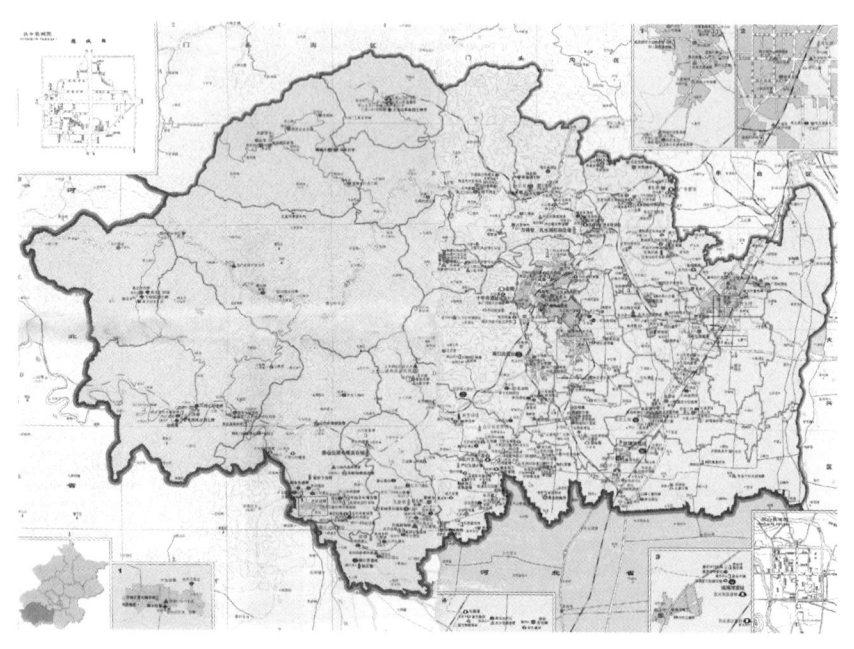

房山区长沟镇行政地图

墓主人长眠的地方位于房山区长沟镇，东北挨着韩村河镇。韩村河是全国著名的新农村代表，韩建集团的大本营，堪称建筑之乡。长沟镇的西边则是著名的大石窝镇，老天爷给这地方的老百姓赏了个金饭碗，从隋代云居寺刻经用的石版，到紫禁城的栏杆、基石、丹陛桥，所采用的北京最好的汉白玉都产自这里。

而长沟镇也有自己的特色，一个小村镇的历史能成书出版的并不多见，长沟镇却好事成双一出就是两本，正是这两本书里记载的内容，令这座大墓的真相多了几分悬疑。

大墓的准确位置位于长沟镇坟庄。北京以坟命名的地方不少，不断扩容的北京城把昔日不少坟地都圈进了市区里，CBD的八王坟、西三环的公主坟，早已是寸土寸金的繁华地带。头几年有句笑话，大概意思是说北京修个八环，没准能修到天津。

话说到这儿，坟庄到底是怎么得名的？会不会跟最新发现的这座大墓有关呢？为了弄清楚这个问题，我们专门走访了坟庄的老书记。

老书记1939年生人，虚岁76了，接受采访的时候，他一本正经地告诉我们：我说的都是我见过的和听老人说的，其他的咱不敢瞎说。

据我们所知，在距离坟庄不远的西甘池村有一处清朝的家族墓地——顺承郡王坟，先后埋葬了11位王爷，可见这是个上风上水的好地方。那么

房山区顺承郡王坟

坟庄会不会也是某个著名人物的家族墓地呢？

老书记告诉我们，按照近代的说法，这村坟地多、看坟的多，所以叫坟庄。1976年农业学大寨平整土地的时候，发现附近叫"坟"的村子多了，像什么"韩家坟""李家坟"。埋的都是附近的地主、有钱人，坟庄也不例外。

老爷子清楚地记得，十三四岁那年家长让他上山打猪草，那时候坟庄的大片墓地上长满了七八十公分的杂草，这种草长得快却没有营养。他为了省事儿便去墓地上割草敷衍了事，没成想被看坟人抓了个正着，没收了箩筐。回忆起当年的具体位置，老爷子提到四个字——"文化硅谷"。

北京文化硅谷一号开发地，便是发现大墓的地方。第一次前往考古现场的时候，时任房山区文委主任李立新在路上介绍起了大墓发现的原委。

李立新告诉我们，房山区土地利用的整体规划上，长沟镇预留了三千亩产业用地。因为这里位置好，周围村庄少，占地成本比较低。

在北京的十六个区县里，论占地面积，房山区排第三，但其中真正能盖大楼建园区的产业用地却不多。长沟镇坟庄就因为村民少，大幅度地降低了拆迁的矛盾和成本，从而被区政府相中，成了北京文化硅谷的建设用地。那么建筑工地上怎么会发现古墓呢？

## 九年两会　九次提案

　　2013年6月22日早上8点30分，直播进入了倒计时阶段，北京市文物研究所所长宋大川作为第一时段的嘉宾，早早地坐在访谈区配合技术人员调试设备。第一时段的核心话题，便是这座古墓发现的缘由。

　　近几年随着盗墓小说的火爆，引发了一场考古热。考古与盗墓，甚至被看作是发现古墓的黑白两种途径。因此说起这座房山长沟大墓的发现缘由，很多人会联想到小说里的"摸金校尉"，一个在三国时期魏军领袖曹操特设的官职，相当于曹魏的国家盗墓办公室主任。

　　但事实上，这座大墓的发现源自一个我们陌生的名词：基建考古。

　　"北京所有的地铁站口在施工前都没有进行过考古勘探，只有4号线的圆明园站做了考古，这还是因为该站破坏清代御道之后被媒体曝光了。"

　　这是《中国文化报》在2011年5月的报道中，援引北京市政协委员、北京市文物研究所所长宋大川的一句话。一个政协委员、九年九次提案，围绕着一个话题：地下文物保护。

　　2013年3月30日，我们在房山古墓发掘现场见到了这位久违的宋所长，与报道中的语出惊人相比，平日里他显得少言寡语、文质彬彬。

　　之所以说久违，是因为第一次见到宋大川是在十三年前，同样是一座古墓的考古现场——石景山区的老山汉墓。如今再次相见，往事如昨，几乎是与十三年前的情形一样，我们共同的挚友——北京古建工程公司的李彦成把三个人约在了一起。当年正值盛年的我们如今早生华发，岁月带走

探墓手记——镜头背后的北京唐墓传奇

老山汉墓发掘时李彦成（右二）等合影

宋大川于老山汉墓发掘时的留影

李欣在老山汉墓发掘现场

李欣在老山汉墓发掘现场

了我们的青春，却没有带走我们的职业热度。

房山这座大墓的发现与幸存，某种程度上是宋大川多年来呼吁保护地下文物的成果。

"地上一部二十四史，地下还有一部二十四史"，根据我国《文物保护法》第二十九条规定：进行大型基本建设工程，应当由建设单位报请文物部门事先在工程范围内有可能埋藏文物的地方进行调查、勘探。

究竟地下多少米可能发现遗址或者出土文物呢？

宋所长心里有本账：1996年，北京东方广场施工时，在王府井东侧距地表18米至22米深处发现了旧石器晚期人类用火的遗迹，当时的开发商决定，与政府联合建立王府井古人类文化遗址博物馆。

如今坐地铁经过王府井站，便可以看到这座保存下来的古人类遗址博物馆，它的存在说明从咱们脚下22米深开始，可能埋藏着北京各个历史时期的遗址、文物。而对于郊区来说，这个数字在不断被刷新。

王府井古人类文化遗址博物馆

宋所长曾经对媒体说过：北京石景山等区域的文化基准点则会更浅，因为北京周边依山傍水，属冲击性平原地区，受到永定河、潮河、白河的冲击，文化层会距地表更近。2006年，通州武夷花园发现大量汉墓，最下面一层距地表仅7米多，而上面的汉墓距地表仅4米。

对于房山区坟庄村这块产业用地来说，又多了一个特殊的身份：地下文物埋藏区。

我国《文物保护法》规定，在地下文物埋藏区进行的工程建设，建设单位应该主动申请考古调查与勘探。任何单位和个人在建设过程中发现地下文物，应当立即停止施工，并及时报告。未经考古勘探、发掘进行工程建设的单位，造成严重后果的，将被处以5万元以上、50万元以下的罚款，构成刑事犯罪的，移交公安部门处理。

什么叫地下文物埋藏区呢？

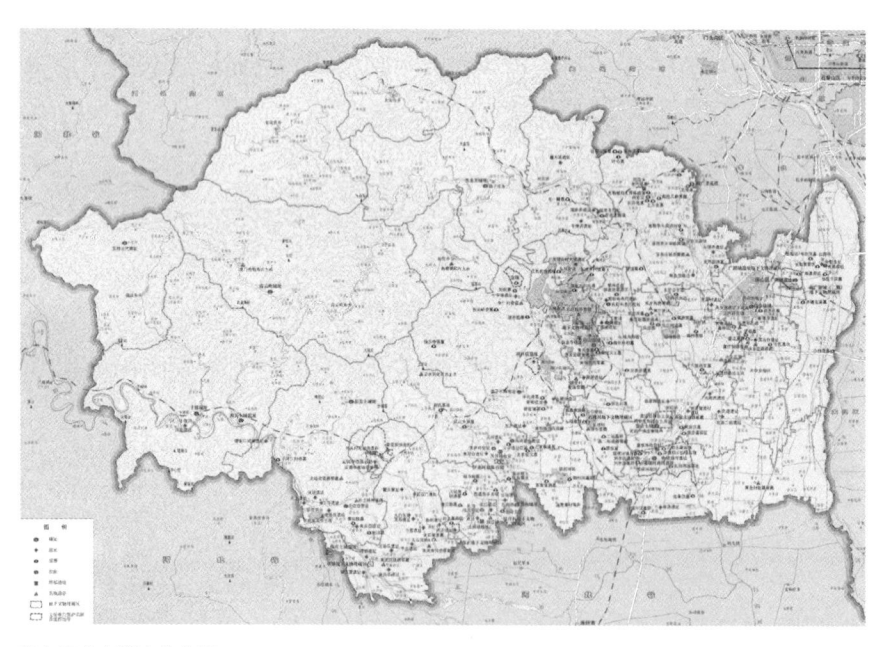

房山区考古遗迹分布图

这是根据历年来文物普查、考古调查和考古发掘等工作成果划定出来的特殊区域，房山区一共有7片，长沟镇就拥有其中之一。这座拥有2300多年历史的古镇，毫无悬念地埋藏着昔日的富庶繁华。因此考古勘探工作从一开始就令人充满了期待。

## 云居寺的"门前三包"

"房山区共有……"北京市房山区区委常委、宣传部长赵佳琛如数家珍地悉数着房山区的文物资源。导演紧张地掐着时间，短短一分钟的直播采访，关于云居寺的内容占去了三十多秒。

这究竟是一座什么样的寺庙呢？

话说隋大业元年（公元605年），一位法号静琬的高僧来到北京西南的白带山下，成为智泉寺的一位僧人。智泉寺，因为"寺在云表，仅通鸟道……山腰常有白云萦绕……"的特殊地理位置，后来改名为"云居寺"。

房山区云居寺

云居寺石经拓片

云居寺石经

    静琬生于南北朝时期的北齐中期，但史料里关于他的大部分记载是从隋大业元年开始的，这一年静琬开始在白带山上凿山为穴，镌刻石经。

    为什么要把经文刻在山上？这种在今天看来的壮举，却是源自一段让静琬心有余悸的苦难经历。

    南北朝是佛教在中国最盛行的时期之一，人们的狂热程度在今天看来不可思议，割肉喂鸟、铁钩挂体的极端行为屡见不鲜。各地寺庙层出不穷。然而任何事情都逃不过"物极必反"的客观规律，同样是在南北朝时期，佛教遭遇了"灭顶之灾"。

    或许是因为中国的历史太过悠久庞杂，史学家们大都具备高度总结的能力，比如汉传佛教历史上的三次灭顶之灾，被概括成为"三武灭佛"。所谓三武，指的是北魏太武帝灭佛、北周武帝灭佛、唐武宗灭佛这三次事

云居寺雷音洞（静琬刻经处）

件的合称。

出生于北齐（公元550年-577年）中期的静琬和尚，完整地经历了北周武帝建德三年（公元574年）的灭佛运动，这场佛教界的打砸抢烧恶性事件，给静琬的心理留下了阴影，为了传承佛法，避免佛经失传，静琬从隋大业元年（公元605年）开始在北京西南的白带山上凿山为穴镌刻石经，这一刻就是一辈子。随后由弟子传承持续，这一传就是六个朝代。白带山因此得名石经山，云居寺也被誉为"石经长城"。

历史证明了静琬的先见之明，唐武宗时期（公元841-846年）灭佛运动卷土重来，加上唐末的农民起义，导致当时"寺庙遭毁，经籍散佚"，而云居寺的石经，却完好保留了下来。

相比起石经，静琬留给云居寺的另一份财富更为著名，这就是释迦摩尼肉身舍利。

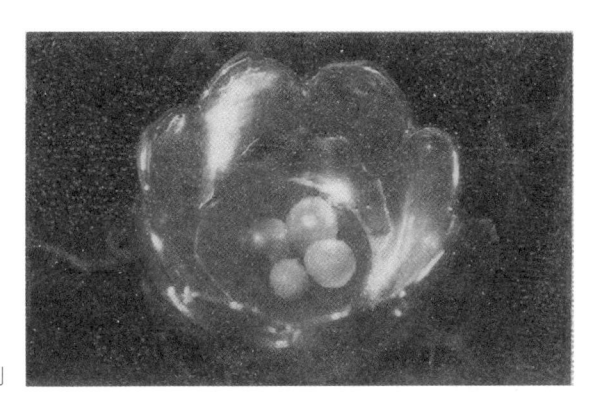

云居寺释迦牟尼佛肉身舍利

    同样是在一个夏天——2009年6月，我们的记者开着银灰色宝来，追随着护送佛舍利的车队，在二级警备的护卫下驶向云居寺。这是云居寺佛舍利阔别出土地三十年后的第一次回归。云居寺的雷音洞正是佛舍利的发现地点。然而更富传奇色彩的是史料中记载的三颗舍利被发现的时候仅剩两颗，各种猜测使佛舍利在过去千余年里的来龙去脉清晰地袒露在世人面前。万历皇帝的母亲李太后，因为曾把三颗舍利迎送回宫，成为最大的嫌疑人。

    此时再看云居寺，石经的价值与佛舍利的传奇，高僧护法与宫廷盗窃，使这座古老的寺庙成了雅俗共赏的焦点。

    然而鲜为人知的是，正是这座云居寺差点改变房山长沟大墓的命运。

    时任房山区文委主任的李立新告诉我们，2012年正在推进云居寺申请世界文化遗产，长沟镇坟庄的三千亩地是留给云居寺的。

    已经拥有周口店北京人遗址的房山区，曾经试图把云居寺申报成为北京第七项、房山第二项世界文化遗产。

    就是这样一座"准"世界文化遗产，距离房山长沟大墓发现地——坟庄不到8公里，这是什么概念？从永定门到钟鼓楼，北京城原始意义上的中轴线正是7.8公里。在不堵车的情况下，开车十分钟就可以到达。这个距离对于一项世界文化遗产来说，短暂到可以忽略。

咱自家门口的门前三包大家都不陌生，世界文化遗产也讲究门前三包。

拿大家最熟悉的北京故宫举个例子，二十年前故宫周边脏乱差的样子令不少老北京人记忆犹新。这种乱象在90年代才得以改变，因为根据世界遗产委员会的要求，在文化遗产周边必须划定缓冲区，用来保护其周边原有的环境和历史风貌。2005年故宫的缓冲区方案确定了，总面积达到1463公顷。

而云居寺早在2011年申报世界文化遗产的时候，早早地就为缓冲区做好了准备。拿着比例尺在地图上画个范围您就会发现，云居寺一旦申世遗成功，那么大墓所在的长沟镇，一定会被纳入缓冲区里。到时候这座大墓会是什么结局，我们不得而知。因为云居寺没能"转正"成世遗，缓冲区也被挪作了文化硅谷的用地。

# 大墓的传说

## 初见大墓

"房山发现大型古墓"的消息,早在2012年底就曾经见诸报端,但《这里是北京》却是第一家报道的电视媒体。恰好赶上栏目的演播室升级,我们决定干脆在大墓现场录制主持人部分。前一天主持人曹一楠为了服装问题征求大家的意见,最终我们一致选择了黑色的风衣,随意而又不失神秘感。

除此之外,随行的工作人员也互相叮嘱多穿衣服。2013年北京的春天迟迟不来,多风的天气却如约而至。隔三差五的降温、四五级的大风,再

《这里是北京》栏目主持人曹一楠在现场录节目

加大伙儿担心古墓里的阴气会让人不寒而栗。

此行的大多数人都是第一次光顾房山长沟大墓的发掘现场，站在墓道口，远处的棺床覆盖着黑色的苫布，平添了几分神秘感，宽大的墓室因为位于地平线下而一览无余，令人深感震撼。为了把这种现场感传递给观众，我们的编导向考古队提出了一个大胆的请求：让主持人进入墓室，站在棺椁旁边录制节目。尽管墓室里每天都有考古队员在发掘作业，但脚下却藏着不少的规矩，稍不留神就会破坏现场。

考古现场的负责人叫程利，是十三年前老山汉墓考古发掘的重要当事人之一，当年我们同吃同住、共同奋斗了将近一年的时间。在《探墓手记——老山汉墓考古发掘全景纪实》这本书里，随便翻一页便可以找到他的名字和观点。

第一次见到房山长沟大墓的时候，眼前的一切与6月22日直播时候看到的全然不同。墓道发掘还没有完工，一条十三四米长，三十厘米宽的木板一头搭在墓道尽头的封门砖上，一头搭在墓道口。

北京市文研所所长助理程利　　房山长沟大墓墓道与封门砖之间搭设木板

上编 / 大墓的传说

程利提醒我们注意看墓道上的小圆坑，那些都是古人夯实墓道的时候，工具留下的印记。

木板桥的另一端便是封门砖，每一块砖都是斜着码放，第一层和第二层的倾斜方向相反，相互咬合着，大约有三四层保留了下来。封门砖之后，便是甬道，长度只有一米七左右。站在封门砖上往下看，一个四四方方的庞然大物把甬道堵的严严实实，上边盖着黑色的苫布，根本没有下脚的地方，所以我们同样是踩着木板通过了甬道。然而令人意想不到的是，在墓室的封门砖之后，还有一块四四方方的大家伙，个头儿比甬道里的那位小了点，同样被苫布包裹着不肯露脸。

房山长沟大墓墓道夯窝

房山长沟大墓墓道与封门砖之间搭设木板

房山长沟大墓出土文物标记

  战战兢兢的进入古墓，我们终于来到了最宽敞的地方——主室。然而出人意料的是，偌大的墓室却没有我们的立足之地。只见地下密密麻麻布满了彩色的图钉。程利一再提醒我们：不许碰！碰乱了我还得重新弄。

  不明就里的主持人小曹只好晃晃悠悠、举步维艰地找了个能站稳、能迈步的区域，开始准备录制节目。此时我们发现了一个严重的失误。

上编 / 大墓的传说

## 是坟、是墓还是陵？

好不容易进到了墓室，又出什么问题了呢？摄像师把镜头对准曹一楠之后发现，我们精挑细选的黑色风衣，和墓室墙壁上的苫布颜色靠色了，从镜头里乍一看曹一楠只剩下一张脸，身体和背景融合在了一起。

此时导演犯了难，这好端端的土墙为什么要盖着黑布呢？程利告诉我们，这座古墓发现了大量的壁画，太阳的直射会影响壁画的保护，黑布就是用来遮光的。无奈之下，我们只能在原本有限的区域之内又缩小了活动范围，选择了一块没有壁画的裸露土墙作为背景进行拍摄。

被黑毡布覆盖保护的房山长沟大墓

房山大墓出土壁画（摄于西耳室）

房山大墓出土壁画（摄于西耳室）

房山大墓出土壁画（摄于西耳室） 　　房山大墓出土壁画（摄于西耳室）

房山大墓出土壁画（摄于西耳室）

房山长沟大墓最初发掘现场（摄于2012年9月）

房山长沟大墓上搭起的大棚（摄于2013年4月）

被黑毡布覆盖保护的房山长沟大墓（发掘初期）

事实上，摄制组的其他人和曹一楠一样穿错了衣服，大家发现虽然室外只有十四五度还刮着大风，但古墓里却异常暖和，不少人开始出汗脱衣服。环视四周，原来保护古墓的白色建筑犹如一座温室大棚，不仅挡风遮雨，还有保温作用。

2013年6月22日，房山长沟大墓考古现场直播的第一时段，房山区宣传部长向我们透露了搭建大棚的始末……

那是在大半年之前的2012年10月，大墓正处于发掘的初级阶段。

当时北京已经进入了金秋时节，眼看着气温一天比一天低，程利心里清楚，再过一两个月就不能干活儿了。为什么呢？咱们都听说过"天寒地冻"这个词，大多数人对"天寒"深有体会，考古队员却对"地冻"感同身受。寒冬腊月里，平日松软的土壤会被冻得像生铁一样坚硬，根本无法继续发掘。为了不耽误进程，北京市文研所和房山文委共同努力盖起了这座大棚。

在直播过程中，屏幕下方出现频率最高的便是大主题"房山长沟大墓"，几个字看似简单，却是经过了程利的确认才最终采用，关键就在这"大墓"二字上。

事实上，在那个等级分明、家族为大的封建社会，墓地的称呼出现了多种区别。坟、墓、冢、陵究竟都有什么区别呢？从文字的含义上看，"土之高者谓之坟"，也就是说，有土包的墓地才叫坟。而《礼记·檀弓上》上说"古也，墓而不坟"。从这句话里我们能读出两个意思，一来古代人不建坟包，二来"墓"是没有坟包的平地。或许这正是只有"探墓"而没有"探陵""探坟"的原因。只有深藏地下的墓地，才需要洛阳铲的勘探。

但有了冢的出现，墓便不再低调。冢，指的是墓地上泥土铸成的地上标志物。相比起其他的墓地形式，冢的象征意义更强，比如衣冠冢安葬的只是死者的衣帽而已。除了"冢"之外，墓与陵也常常联手并称。"陵"，既指高大的山峰，又指高大的墓葬。对于帝王这样至高地位的死者来说，陵的两种含义是合二为一的，比如武则天的乾陵位于陕西西安梁山上，梁山既是高大的山峰，也是高大的墓葬。

在今天开放的文物景点中，皇帝陵常被称为"陵墓"，这个称呼中的"陵"大概指的是地上建筑，墓则指地下安放死者尸体和陪葬品的墓穴。那么我们究竟该怎么称呼房山长沟这座古墓呢？在没有确定墓主人身份之前，"大墓"或许是一个含糊而又万全的叫法。

## 传说中的墓主人：鞑摩王

尽管搭起了大棚，但北京的数九寒天依然给考古工作带来了困难。据程利回忆，每天一大早的首要工作就是清理冻层，才能继续作业。在坚持了一个多月之后，为了避免硬碰硬的工作方式给古墓造成伤害，考古工作不得不暂时停止。然而此时这座初露端倪的豪华大墓，已经引起了媒体的注意。

2012年12月31日《新京报》报道《房山发现古墓疑似金代陵墓》。这篇报道可谓抓住了天时地利人和的契机，转过年来的2013年正是北京建都860周年的大日子，而860年的起点正是金代海陵王把首都从黑龙江阿城迁都到北京的那一刻——公元1153年。如果这座大墓真的是金陵中的一座，那么无疑是送给首都北京最好的生日礼物。但是理想很丰满，现实很骨感。报道中传递出一个信息：考古发掘工作还在进行中，是否是金朝王陵得等出土文字性文物后才能判定。

尽管还没有发现文字性的文物，但是空穴才有来风，我们在一套名为《京畿古镇长沟》的书中找到了关于大墓的传说。

相传长沟镇坟庄村北有一座规模宏大的陵墓葬着鞑摩王，鞑摩王的棺椁压着通往涿州的海眼，一旦触动鞑摩王的棺椁，便会海浪翻天，带来灭顶之灾。为了保护这个关乎百姓安危的鞑摩坟，当地人世代守坟，守出了一个"坟庄村"。

鲜为人知的是，房山区长沟镇是一个历史悠久的京畿古镇，周边的文物古迹大都有着清晰的历史脉络，唯独坟庄村北的大墓之谜萦绕在人们的心头久久未能破解，据村里的几位老人回忆，这座古墓给人留下的第一印象就是"大"，坐北朝南大约有几百亩。上个世纪50年代，地面上还遗留着大量的石像生。

石像生又叫翁仲，指的是帝王陵寝前边守在道路两边的石人、石马，象征着皇帝生前的仪仗队。古人认为死后的世界和生前一样，所以能带的都带走。皇帝则多了几项特殊的需求，死后需要文武大臣，恐怕孤掌难鸣，需要牲畜车马，避免吃穿不便。

房山长沟大墓出土石像生（石虎）

故事讲到这儿，老人们的回忆和事实基本吻合，《京畿古镇长沟》这本书上说坟庄大墓的石像生如今就收藏在位于北京市丰台区右安门外玉林小区凉水河附近的辽金城垣博物馆里。这是一座在辽金城垣的遗址基础上建造的博物馆，里边收藏的大都是出土或者征集来的辽金文物。坟庄大墓上的石像生入藏辽金馆，说明这座大墓一度被认定为金墓。

既然知道有大墓埋在地下，为什么不进行考古发掘呢？鲜为人知的是，考古工作根据动因可以分成四类，第一种是根据研究需要进行考古调查，叫"学术性考古"或者"主动性发掘"，比如十三陵定陵。但定陵发掘之后国家规定不再允许主动挖掘帝王陵寝。第二种是建设用地上发现地下遗址，为了使其免遭毁坏而进行的"基建考古"，比如房山长沟大墓，就是在北京文化硅谷的建设用地上发现的。第三种是古遗址或者古墓由于人为原因面临险境，必须进行抢救性发掘，比如老山汉墓在2000年被盗，警方破案的同时文物部门进行了抢救性的考古发掘。第四种则是为了大遗址的统一规划，叫做"文保类考古"或者"保护性发掘"。

房山长沟大墓（摄于2013年4月）

　　五六十年代的鞑摩坟不属于任何一种，所以人们对他的真容只有猜测。

　　同样是在《京畿古镇长沟》这本书里记载着，30年代末日军侵华，当地民兵打着抗日的旗号盗墓掘坟，在墓道两边发现了色彩鲜艳的壁画，雕龙画凤的石门、石棺。更令人称奇的是，1954年的冬天兴修水利工程的时候，坟庄大墓遗址出土了一条一米多长的汉白玉石龙，还惊动了文物部门，要求把遗址重新填埋保护起来，直到70年代坟庄村修建千头养猪场，这个地方才彻底恢复了平静。

　　不管是真事儿还是传言，总之跟龙沾上了边，当地人便盛传这是一座王陵。更多的联想源自当地的一句土话，管"鞑摩坟"又叫"鞑子坟"。鞑子，是百姓对北方少数民族的一种俗称，在咱们北京称王称帝的少数民族只有金代的女真族、元代的蒙古族和清代的满族。然而清朝的皇帝安葬在河北遵化的清东陵和易县的清西陵，人口齐全没有悬念，可以排除。元代的皇陵更是另类，或许是为了防盗也可能是游牧民族的习惯，总之元代皇陵非但不起坟冢没有地上建筑，更要在皇帝下葬之后，历经万马奔腾踏为平地，等到来年草长莺飞时撤去一切守卫，陵墓则会跟普通草地融为一体，难以辨认。如此看来，只剩下金代皇陵没有排除嫌疑。那么，金代的皇帝们究竟葬在哪儿？这座古墓是孤坟一座，还是皇陵的一角呢？

## 第二嫌疑人：海陵王

位于房山区的金陵安葬了金朝的17位皇帝，唯独除了一个人，这就是当年亲自把金陵和金代首都同时迁到北京的海陵王完颜亮。这位北京最初的开发商，为什么没给自己留一块万年吉壤呢？房山坟庄大墓，会不会是海陵王完颜亮的陵墓呢？

这种猜测随着一件随葬品的出现甚嚣尘上，准确地说是七件。整座古墓被分成了六个空间，四间耳室、一间主室和一间后室。就在后室的位置，考古队员发现了六枚钱币，还有一枚散落在主室和甬道衔接的封门砖附近，这七枚铜钱都有一个共同的身份，方孔周围清晰地写着：大定通宝。"大定"是哪个朝代的年号呢？正是继完颜亮之后的金世宗完颜雍的年号。然而这几枚钱币的出现，不仅令人们对古墓的年代纷纷揣测，更重要的是，人们不约而同地想起了一段血雨腥风的历史。

清朝康熙年间"九王夺嫡"的历史被多次搬上荧幕，爱新觉罗的家丑被咱们当成娱乐谈资消费了一遍又一遍。但鲜为人知的是，历史上为争夺皇位而不惜杀父弑兄的习惯有一定的渊源可循。今天满族、赫哲族、鄂伦春族都源自东北一个古老的民族——女真族，满族人建立了清朝，而他们的祖先女真人则建立了金朝。一次"九王夺嫡"就让清朝的历代皇帝心有余悸，而他们的女真族老祖宗则对类似的戏码早就见怪不怪了。

话说公元1115年，金世祖完颜阿骨打统一了女真各部，在今天的黑龙江阿城成立了大金王朝，从此完颜家族成了东北和华北地区的统治者。不

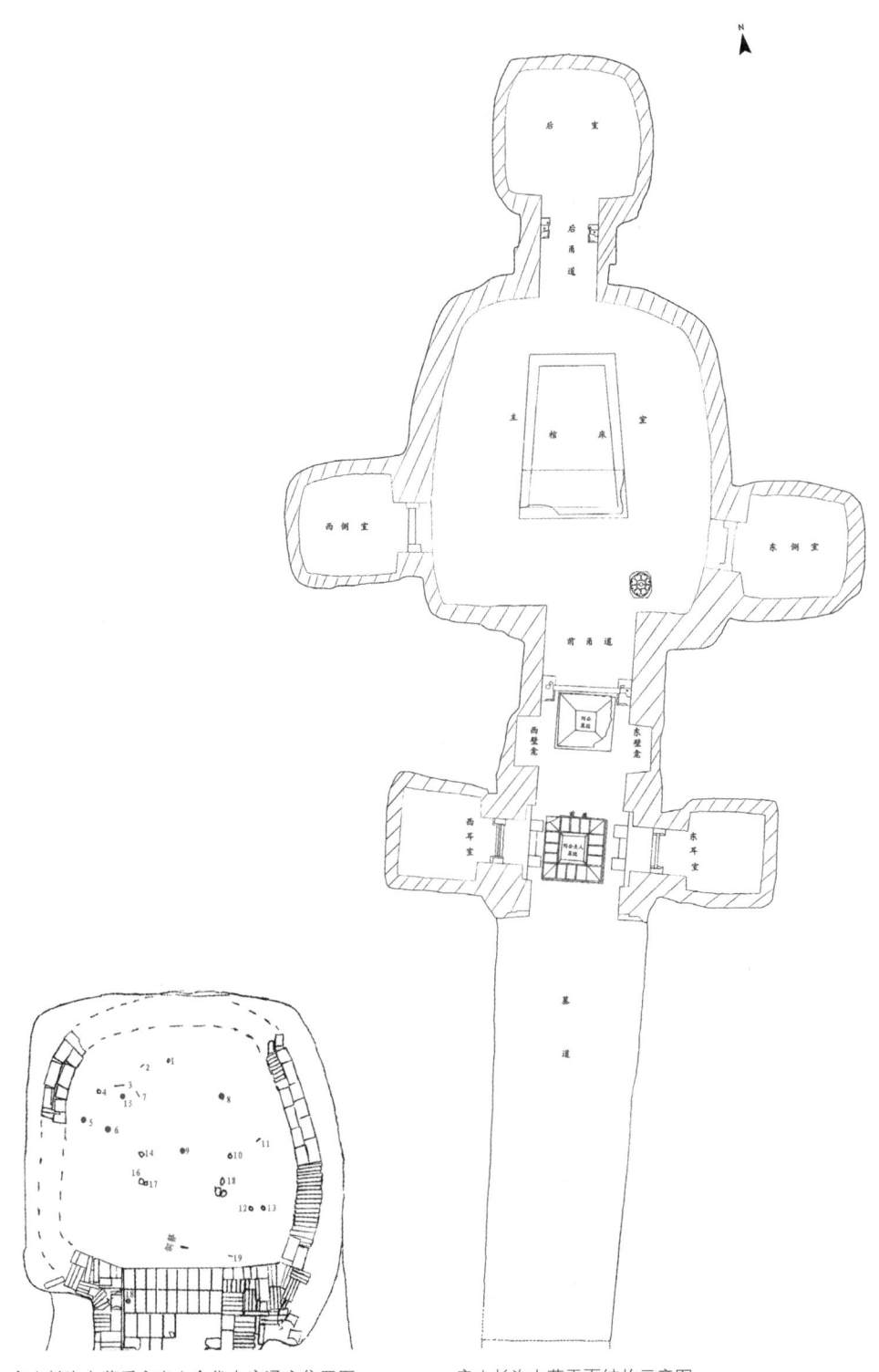

房山长沟大墓后室出土金代大定通宝位置图　　房山长沟大墓平面结构示意图

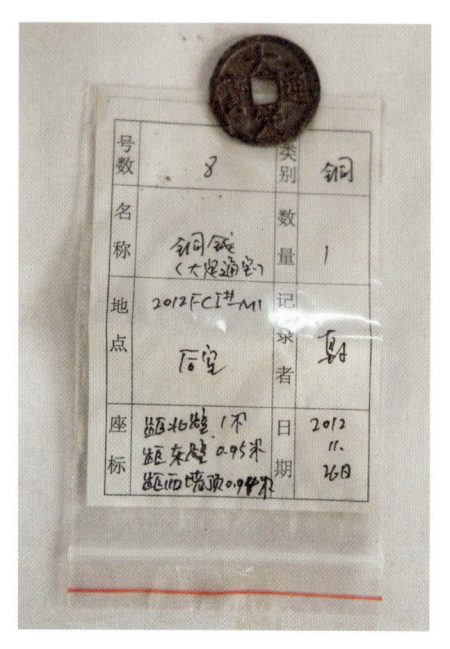

金大定通宝（出土于房山长沟大墓）　　　　　金大定通宝（出土于房山长沟大墓）

过虽然皇帝姓"完颜"，但姓"完颜"的并不都能当皇帝，闹不清楚这个逻辑的人，便会心理失衡，完颜亮就是个代表。

完颜亮虽然姓完颜，但既不是太子也不是皇子，只是个有理想有抱负的皇室宗亲——金世宗完颜阿骨打的庶子完颜宗干的儿子。听过评书《岳飞传》的人都知道岳飞的死对头"金兀术"。任何事儿都有两面性，从南宋的角度说金兀术是大反派，从金代的角度看他是开国功臣，从完颜亮的角度说他是叔叔，也是领导。在金兀术的手下，完颜亮管理着上万人的团队，有着大展宏图的机遇和平台，然而这并不符合"亮亮"给自己的定位。

才华这种东西用对了地方是财富，用错了地方便会招惹是非。金熙宗正是因为看到了完颜亮的才华，所以一直对他加以防范，不敢重用，完颜亮对此早有察觉。同时我们不该忽略一个问题，金熙宗和完颜亮不仅是一对主仆，还是两个男人。完颜亮为了积累自己的政治成本，跟金熙宗的皇

完颜亮塑像

后裴满氏交往甚密。相传"亮亮"过生日的时候，金熙宗和皇后裴满氏不约而同地给他送了生日礼物。金熙宗知道以后，或许是对前朝与后宫的瓜葛有所不满，又或许是醋意大发，总之他最终竟然要回了送给完颜亮的礼物，一副"不跟你好了"的绝交架势。

然而政坛上的对手，终究不是校园里同桌的你，比能力最可怕的还有"心机"。当一贯傲慢的完颜亮在金熙宗面前痛哭流涕表忠心的时候，这位皇帝彻底放下了戒备，亲手把一个心怀野心的人提拔到了不可遏制的地步，最终金熙宗被完颜亮刺死在殿前。完颜亮，为女真族的后世子孙们树立了一个弑君篡位的典范。

为了洗清这段历史，也为了离敌人更近一些打起来方便，完颜亮把金朝的老窝从黑龙江阿城搬到了北京，包括活人的皇宫和死人的皇陵。完颜亮人称海陵王，年号也随之改为了天德。

喜欢盆景的人都知道，要想改变植物的生长规律，就必须对枝叶进行修剪，尤其是根正苗红长势旺盛的那种。对于完颜亮来说，盆景定律同样适用于他的政治游戏。为了巩固自己的统治地位，完颜家族的皇子皇孙们纷纷被斩草除根。据说海陵王上台不到四个月的时间，就杀了皇室宗亲一百五十多人，然而一个人却意外地幸存了下来。

这个人叫完颜雍，论辈分跟海陵王一样是金太祖完颜阿骨打的孙子，互为堂兄弟，比海陵王小一岁。出身一样、年龄相当、才华一样，从后世的评论看，完颜雍还比海陵王的人缘好，这么一个人是如何在海陵王的"贵族大清洗运动"中逃过一劫的呢？

明代的开国皇帝朱元璋曾经说过一句话，大概意思是说：家有贤妻，犹如国有良将。完颜雍就有这么一位堪比良将的老婆——乌林达氏。这位雍太太时刻提醒老公要对海陵王示好，并且化情谊为利益，不断地往北京送礼。直到有一天，海陵王想要一样东西，完颜雍不舍得给了。要什么呢？

话说有一天海陵王突然下诏让乌林达氏进京，史料上记载海陵王是个誉满全球的色鬼，还有暴力倾向，上到叔母下到表妹，一旦被他相中便在劫难逃。完颜雍深知，这份诏书的潜台词是：把你老婆给我。失去一个老婆和满门抄斩，他必须二选一。然而没等他做决定，雍太太乌林达氏自己便跟着使者上路了。摩拳擦掌的海陵王在北京翘首企盼着弟妹的到来，但等来的却是这位烈女子上吊自杀的消息。这事儿在今天看来，显然是一对恩爱夫妻以殉情的方式在表示反抗，但完颜亮或许忽略了问题的本质，又或许心中有愧不好发作，总之，完颜雍逃过一劫，此事不了了之。

此时此刻，海陵王和完颜雍这兄弟俩的差距似乎越来越大，海陵王带着金国的大部队踏上了伐宋的征程，向着他的大一统梦想迈进，而完颜雍则带着自己的一小票兄弟在北方的二级城市之间轮岗。或许海陵王以为这位堂弟会这样窝囊一辈子，但完颜雍却知道这样的日子过不长久，要么等死，要么翻身。他最终选择了后者，率兵起义称帝。

金国后院起火，海陵王的南征大军又屡屡受挫，然而历史告诉我们：

上编 / 大墓的传说

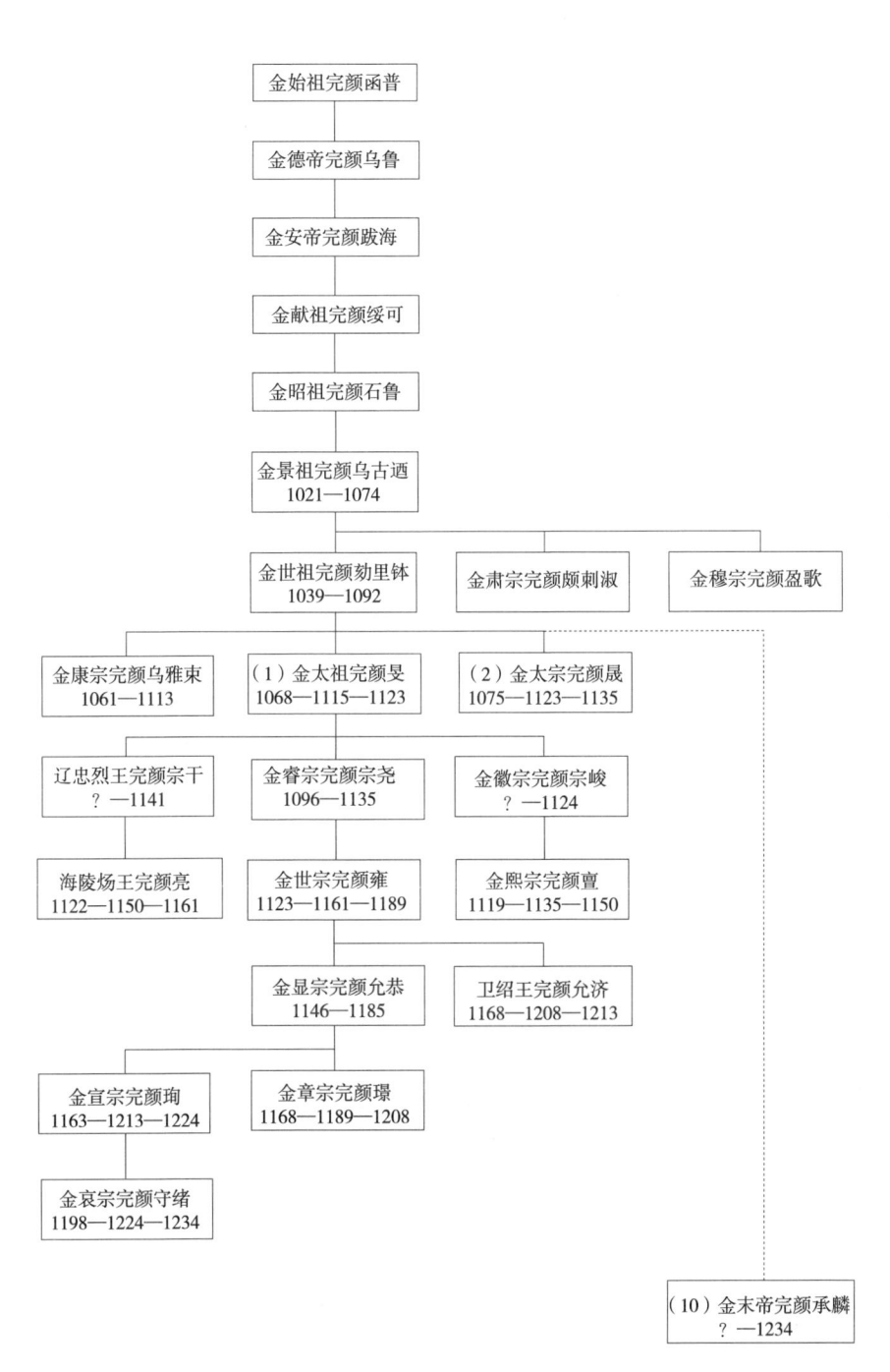

```
金始祖完颜函普
      │
金德帝完颜乌鲁
      │
金安帝完颜跋海
      │
金献祖完颜绥可
      │
金昭祖完颜石鲁
      │
金景祖完颜乌古迺
   1021—1074
      │
   ┌──────────────┼──────────────┐
金世祖完颜劾里钵   金肃宗完颜颇剌淑   金穆宗完颜盈歌
  1039—1092
   │
   ┌──────────────┬──────────────┐
金康宗完颜乌雅束  (1)金太祖完颜旻   (2)金太宗完颜晟
  1061—1113    1068—1115—1123   1075—1123—1135
                  │
        ┌─────────┼─────────┐
辽忠烈王完颜宗干  金睿宗完颜宗尧   金徽宗完颜宗峻
   ？—1141      1096—1135      ？—1124
      │            │             │
海陵炀王完颜亮   金世宗完颜雍    金熙宗完颜亶
 1122—1150—1161  1123—1161—1189  1119—1135—1150
                  │
            ┌─────┴─────┐
          金显宗完颜允恭  卫绍王完颜允济
            1146—1185   1168—1208—1213
               │
        ┌──────┴──────┐
金宣宗完颜珣     金章宗完颜璟
1163—1213—1224  1168—1189—1208
      │
金哀宗完颜守绪
1198—1224—1234

                          (10)金末帝完颜承麟
                                ？—1234
```

完颜亮家庭成员

39

这些都不是定论，一切都有翻盘的可能。但最可悲的是一个军人没能在战场上一决胜负，却被叛徒杀死在了自己的大营里，海陵王便是如此下场。这位完颜家族的皇室宗亲生的不算伟大，死的也不太光荣。篡位、迁都、称帝、统一政权，这段轰轰烈烈的政绩仿佛成了完颜亮一生中的肠梗阻，要了他的命，享年只有四十岁。

此时完颜雍算是坐稳了皇位，成了金国的第五代皇帝——金世宗，国号"大定"，房山大墓里出土的大定通宝，便是那个时代的产物。然而这兄弟俩的故事并没有结束。忍辱、丧妻，完颜雍积蓄已久的仇恨在海陵王被杀的那一刻得以彻底的释放。先是在大定二年（公元1162年）四月降海陵王为海陵郡王。谥号为炀，所以又叫海陵炀王，葬在大房山鹿门谷的王爷坟里。

所谓谥号，虽然大都只有一个字，却是对死者一生的盖棺定论，相当于荣誉称号。那么"炀"到底是什么意思呢？按照古代的谥法，去礼远众称"炀"，逆天虐民为"炀"。也就是说不讲究道义、残暴无良、众叛亲离的君主称为炀。然而这还不足以让金世宗解恨。17年后，海陵郡王再次被贬成为海陵庶人，所谓庶人，指的是没有官爵的老百姓。沦为普通百姓的完颜亮被揪出了王爷坟，改葬于山陵西南四十里，这个位置非常接近房山长沟大墓的发掘现场。这会儿再回过头来看看这七枚出土的大定通宝铜钱，年代符合、位置相近、规模也超出一般百姓，房山大墓会不会是海陵王完颜亮最终的安身之地呢？

上编 / 大墓的传说

## 老书记的回忆

"鞑摩王"、"海陵王",关于墓主人身份的各种猜测,使这座大墓的悬疑不断累积。人们最迫切了解的往往不是完全未知的东西,而是略知一二却无法确定标准答案的身边事,长沟大墓便是因为这个原因获得了更多的关注。

坟庄的老书记告诉我们,当地人早就知道坟庄有座大墓,以前大墓周边的地貌跟现在没有太大的区别。只是西南方向大概一百多米的地方有石人石马,文化大革命的时候被砸毁了,.后来上级文物部门到坟庄收集过残存的石雕。老书记清晰地记得60年代去县里开会,还曾经在房山档案馆的西墙看到过石人石马,旁人说这是坟庄的。

房山区长沟镇坟庄村原村书记刘桂华

关于墓主人的身份，老书记回忆说当地人都管这座大墓叫"鞑摩坟"，但加上房山当地浓重的卷舌音就叫成了"大门顶儿"。这种说法跟村民们的传说基本吻合，唯独在年代上出现了差异。"鞑摩"是当地人对北方少数民族的称呼，如果真如《京畿古镇长沟》上所说，长沟镇政府附近出土的石像生被收藏在辽金城垣博物馆里，再加上辽金时期正是少数民族女真族执掌天下、定都北京的时期，那么这座大墓显然一度被认为是辽金墓葬。但老书记却告诉我们，老人们探讨过鞑摩坟的年代，虽然没有定论，但也有过推测。

鞑摩，房山当地人又叫"北国鞑子"，这是在宋朝时期对北方少数民族的蔑称。头几年我们听说了一个新词叫"激情犯罪"，而在中国历史中我们发现还有一种动机叫"基因型犯罪"。从小养就的游牧习惯使北方少数民族的体内充满了"掠夺"的基因。他们为了生存而发动战争，又为了更好地作战而进犯中原百姓抢劫生活资料，这种"为了生存而暴力，为了暴力而生存"的规律周而复始，犹如泼墨的中国画，原本是污迹却最终造就了中国历史的一种另类"美学"。

然而无论是鞑摩坟的传说，还是海陵王墓的推论，都不过是房山长沟大墓真相的烟雾弹，随着随葬品的出土，墓主人的身份出乎所有人的意料。

## 封门砖——向真相迈出第一步

房山坟庄大墓的宏大规模、当地关于"鞑摩王坟"的传说，50年代地面上残存的石人石马，让考古队员们充满了期待。这座大墓究竟是什么年代的古墓，墓主人究竟是谁呢？这听起来是一个连带问题，其实有着本质区别。确定古墓的年代，要比确定墓主人的身份简单得多。

随着越来越多的古墓被发现，几乎每个朝代都有类型化的标版做参考，比如当年老山汉墓发掘的时候，北京已经有了大葆台汉墓做作参考。所以当考古工作进展到初级阶段，墓室的轮廓刚刚显现的时候，徐苹芳先生就猜测这是一座汉代古墓，进而从洛阳铲带出来的白膏泥和木头丝判

大葆台西汉墓博物馆——黄肠题凑

断，墓主人很可能是诸侯王一级的人物。直至发掘到黄肠题凑的时候，猜测得到了证实。然而这个结论持续到古墓发掘结束，再没有新的突破进展，因为没有发现关于墓主人的任何身份证明，史料中也没有关于老山汉墓的确切记载。严谨的考古结论只能局限于"汉墓"这两个字上。

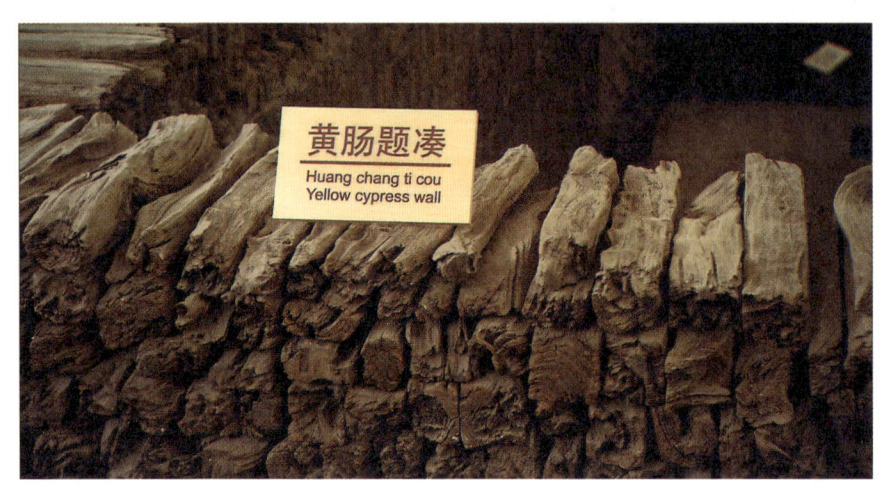

大葆台西汉墓博物馆黄肠题凑

房山坟庄大墓里出土了金代大定年间的货币——大定通宝方孔圆钱，按理说至少可以把年代确定下来——金墓。是不是海陵王完颜亮被驱逐出金陵之后的葬身之地，还需要更有力的证据。然而随着考古发掘工作的进展，一个重大的发现使事态变得复杂起来。

考古队员在封土层下，发现了封门砖。所谓封门，顾名思义就是墓主人入葬之后，封锁墓道口所用的砖石。一般都是竖着码放，一层向左倾斜一层向右倾斜，相互错落咬合。封门对于确定古墓的年代有着至关重要的作用。

2000年，发掘石景山区老山汉墓的时候闹出过一个笑话，考古队长王武钰向媒体发布了一条消息：老山汉墓有封门石。次日媒体上出现了这样的标题：老山汉墓有石封门。乍一看并无不妥，但却是差之毫厘谬以千里，问题就出在"封门石"和"石封门"的区别上。石头做成的封门，叫石封门，可以被看做是墓室的一部分。但老山汉墓是木质结构，如果出现了石封门，那么之前很多基于木质结构而做出的推断都将被推翻。而王武

房山长沟大墓封门砖

房山长沟大墓封门砖

钰所说的"封门石"指的却是一种用来防盗的石头。我们为此考察过河北的满城汉墓，也采访过北京史思明墓的发掘者赵福生先生，由此知道很多古墓的墓道口都用碎石填满，为的是防止被盗，老山汉墓也是如此，这叫"封门石"，不算是墓室的一部分，不影响古墓的结构确定。

至于房山的坟庄大墓，我们就不必如此咬文嚼字了，因为考古过程中已经初步确定这是一座砖石结构的古墓，封门砖和砖封门虽然一个指的是砖，一个指的是门，但不会对古墓本身的材质构造产生概念上的影响。但是考古队员却在封门砖上找到了关于古墓身份的一个暗号：绳纹。

灵岳寺

对于我们的记者来说，初次知道绳纹砖是在门头沟区的一座古寺庙——灵岳寺的墙壁上。当时这座破旧的唐代古庙在修缮的过程中贯彻了"修旧如旧"的理念，也就是保持寺庙本身原有的历史信息。为了让这种信息更直观，寺庙的墙壁上开了一个小窗口，可以看到墙内不同时代修缮留下的砖石，其中刻有绳纹的便是唐代初建的时候使用的砖，绳纹的产生

上编 / 大墓的传说

灵岳寺山墙上小窗口

灵岳寺山墙上小窗口

房山长沟大墓封门砖

房山长沟大墓封门砖

门头沟区灵岳寺唐绳纹砖

门头沟区灵岳寺唐绳纹砖

并不是一种偶然，而是源自唐朝的一种工艺。唐代的砖厂会把未干的砖坯放在麻绳上，使砖体上留下绳子的纹路。这不是为了美观，而是为了增强砖石表面的摩擦力，使建筑更加稳固。

封门砖上的绳纹向我们透露出一个信息，这座古墓的历史或许可以追溯到唐代。

但是唐代封门砖并不能完全说明问题。我们发现在坟庄大墓东南角，同时出土的明清家族墓里，使用了大量的辽代沟纹砖。所谓沟纹，就是用模具在辽代砖石上压印而留下的纹路。明清古墓为什么会出现辽代沟纹呢？原因很简单——就地取材。用废弃的墓砖修筑墓穴，是古代普通百姓家节约成本的一种方式。如此看来，坟庄大墓也有可能是金代古墓挪用唐代墓砖作为封门石。但是话又说回来，坟庄大墓的规模如此之大，可见墓主人非富即贵，如果真是金代古墓，应该没有必要拆用唐代的墓砖进行修葺。事态发展到这儿，考古队员们对大墓的年龄已经基本确定了答案。

## 似曾相识的富贵密码

在墓室里录制的主持人素材被送回到后期机房之后,导演发现了一个严重的问题——整体画面偏红,摄像老师坚持认为拍摄的时候色温没有问题,那么究竟是什么原因导致画面色彩出现偏差呢?

同事中有人吐槽说发生了灵异现象,但当我们再次回到大墓的时候找到了其中的原因。墓室墙壁上为了保护壁画而留下的土层呈现出鲜艳的红色,考古队员告诉我们,这些土是大墓被盗之后发生坍塌留下的,来自当地,发红的原因可能是含铁量高。此时我们的注意力被另一个细节吸引,墓室的边缘裸露出大片残缺不齐的山石,彼此之间没有拼接的痕迹,显然是一个整体,这意味着什么呢?

房山长沟大墓红色土层

要知道凿山为陵是唐代皇陵的典型方式，唐朝的十四位皇帝的陵寝就开凿在西安的北山山脉上。想到这儿，我们跑到大墓之外仔细看了一下地形，大墓所在的位置果然是半山腰。对比东南角的明清家族墓葬群和南边的战国陶窑，大墓的位置高出不少。绳纹砖加上凿山为陵的建墓方式，这座大墓难道是一座唐代皇陵吗？

顺着这个思路，我们找到了著名考古学家宿白先生早年撰写的《西安地区的唐墓形制》一文，其中对西安地区出土的唐代古墓的墓室结构进行了分类对比，我们从中发现了似曾相识的几个细节。文中指出的第一类"双室弧方型砖室墓"正与房山长沟大墓的结构类似，这样的唐墓在西安出土了仅仅不到二十座，宿白先生列举了十座。所谓双室，通俗点说有点类似于现在的两居室，有前室后室之分。能够享用这种墓室的人包括懿德太子墓、章怀太子墓、永泰公主墓。其中懿德太子、永泰公主在史料里都留下了"号墓为陵"的记录，也就是以"陵"的名义建造的墓，只比皇陵低一个等级。其余几位还有尉迟敬德、郑仁泰这样的开国功臣、唐太宗的心腹。

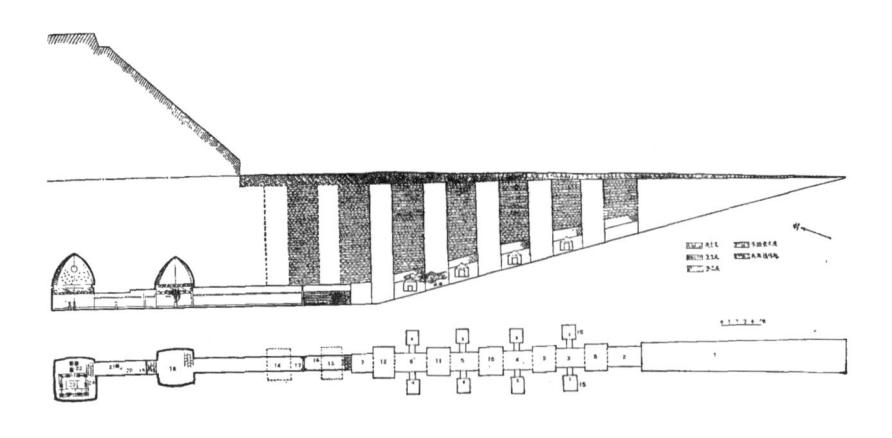

1.墓道  2—7.过洞  8—14.天井  15.小龛  16.前甬道  17.石门
18.前室  19.木门  20.后甬道  21.22.幔帐座  23.石椁  24.后室

唐懿德太子墓（采用"号墓为陵"形制建造）

更值得注意的是，在十座双室唐墓的之中，除了两位太子一位公主之外，七位大臣中只有三位使用了石椁，其中汝阳郡王韦洵和淮阳郡王韦洞都是韦后的弟弟。韦后是唐中宗李显的妻子，当年随老公一起被武则天废黜流放，成为"患难夫妻"的典范。患难中女人的强势能给男人带来安全感，富贵中女人的强势则会剥夺男人的安全感。中宗复位后，韦后便以其一贯的强势手段结党专权，干涉朝政。而韦洵、韦洞两个人迁葬长安，也就是今天的西安的时候，正是韦后当政的时期。之前提到的懿德太子、永泰公主都是韦后所生。显而易见，这几个人都有一个共同的过硬后台——韦后。而另一个使用石棺椁的郑仁泰是唐朝功臣、玄武门之变的先锋。

由此不难看出来，在唐代能够享用"两居室"、"石棺椁"的死者都是一人之下、万人之上的角色。那么房山长沟大墓的墓主人是否也是这样一个角色呢？

所幸的是宿白先生的文章图文并茂，我们发现懿德太子墓、章怀太

房山长沟大墓后室

房山长沟大墓棺床

子墓以及尉迟敬德墓的棺椁都安放在后室,且前室和后室之间有一条长长的甬道。但房山大墓的后室面积非常狭小,前后室之间甬道并不长,并不是典型的后室。与此同时,棺床棺椁等一系列主要的葬具都是在前室发现的,由此推测房山长沟大墓并不是标准的双墓室结构。那么墓主人究竟是谁?是封疆大吏还是流落皇亲?是名门望族还是天子之后?尽管诸多现象使我们浮想联翩,但北京考古学会会长齐心老师的一句话说到了要害:文字性的出土物,才是考古最可靠的凭证。

幽州风云

6月22日的直播现场，原本码放在甬道前后的封门砖已经全部被移到了墓室上檐的西南角。这些布满绳纹的典型唐代砖石，初步证明了大墓的建造年代是在唐朝，那个时候还没有"北京"这个地名，我们脚下的这片土地叫做"幽州"。

如今说起北京城，大伙儿印象最深的就是那个凸字形，这是元明清三朝奠定的城市格局，那么一千多年前的北京究竟什么样，幽州城的市中心是在哪儿呢？

## 先有潭柘寺，后有幽州城

房山区长沟镇坟庄村的这座唐代古墓，将人们的目光吸引到了唐朝北京的那些事。说起北京，我们的故事往往锁定在六朝古都的特殊身份上，然而从后往前倒，清（1644）、明（1368）、元（1271）、金（1115）、辽（926）一脉相承，却与最初的西周燕国（公元前1045到222）整整断代了一千多年。而在唐代，也就是公元618-907年，距今一千多年的北京，究竟什么样呢？

想要了解唐代的北京，咱们的视线先要从房山唐代大墓转到京西门头沟的一座古庙里。

有句老话叫"先有潭柘寺，后有北京城"，这北京城说的不是明清紫禁城，更不是元大都，而是早在唐代就很繁华的幽州城。传说公元316年西晋的时候，佛教就传入北京，西山修建起了第一座寺庙，可惜几代灭佛运动让这座小庙一直破败不堪，直到武则天当政的时候，大兴佛教，一位高僧——华严和尚——到西山开山建寺，这才让潭柘寺成了幽州地区第一座有门有派的寺院。

门头沟区潭柘寺

俯瞰潭柘寺

然而唐朝的佛教中心在陕西一带，这位高僧为什么会走到幽州的山沟里呢，我们从唐朝地图上找到了线索。

这是公元669年，也就是武则天的丈夫唐高宗李治在位时的唐朝版图，这算得上是唐朝疆域最为广阔的时代，但东北地区并不安定。北边的靺鞨虎视眈眈，突厥、高丽虽然当时都在大唐境内，但随时伺机反扑，因此在东北方向，唐朝的军事基地都督府和都护府随处可见，而此时的幽州恰恰是进可攻退可守的战略要地。

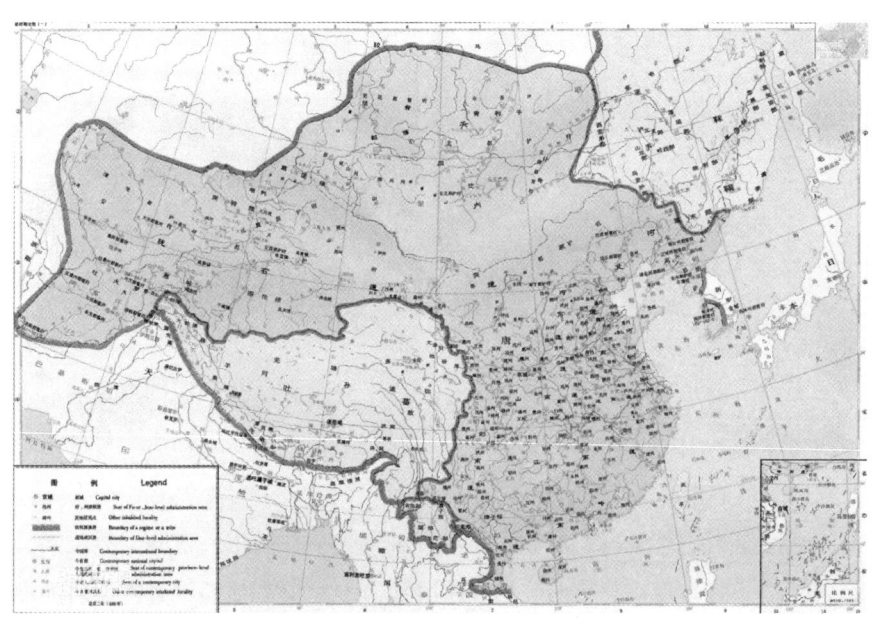

公元669年唐朝版图

然而盛唐的辉煌没有维持太长的时间，幽州的地位却因此迅速崛起，为什么呢？这就要从另一个千古之谜说起了。

在今天北京西北部的延庆县，张山营西北的峡谷之中，崖壁上被开凿出了117个洞穴，从格局上看，有复式结构，也有三居室，被誉为中华第一迷宫。究竟是谁开凿了它们？又有谁能住在这么矮小的空间里呢？

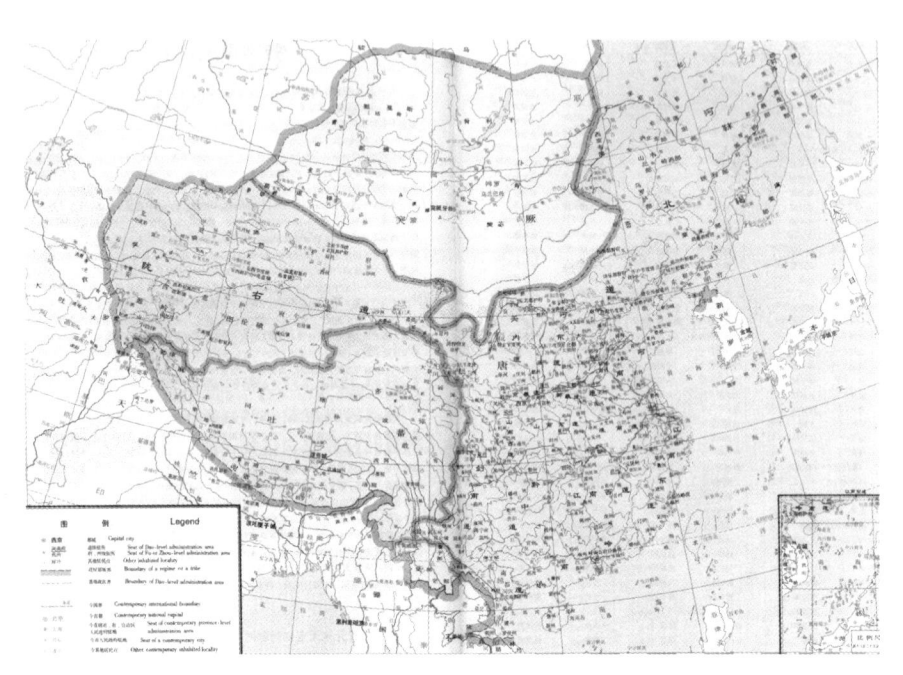

公元741年唐朝疆域图

而到了公元741年，也就是唐玄宗开元二十九年，大唐版图严重缩水，幽州更被推到了前线，西北有突厥，东北有靺鞨，而临近幽州的契丹族和奚族两个部落也在逐渐壮大。

查阅史料不难发现，奚族，是唐代晚期聚集在妫川一带的少数民族，而妫川指的就是现在北京西北的延庆县。有专家推测他们就是古崖居的设计者兼业主。

此时此刻的唐代幽州，自然也成为了军事要地，在兵力最为强盛的时候，幽州驻军近二十万，是整个边境驻军的四分之一，是兵力最强的州郡。那么，幽州城究竟什么样呢？

## 地下"房产证"揪出幽州城

"前不见古人,后不见来者,念天地之悠悠,独怆然而涕下",唐代诗人陈子昂的《登幽州台歌》,勾勒出了唐代幽州的一番景色。其实这幽州台真名叫蓟北楼,指的是战国七雄之一的燕昭王招纳贤才的黄金台。

唐代的北京有很多名字,幽州、蓟城、范阳、卢龙、涿郡,到底唐代的北京,在哪儿呢?事实上,隋朝初年幽州仅仅只包含八个县,而最兴盛的时候,幽州统领十三个县,北到昌平,南到河北固安廊坊,东到天津武清,西到门头沟,都属于幽州境内。

因此有人说"幽州台"蓟北楼就应该在蓟城也就是幽州城的北边,如今蓟门桥一带,也有人说蓟北楼是金台夕照的前身,更有人说遗址在大兴一带,这幽州台早已成谜了。那幽州城的确切位置到底在哪呢?

经过一番寻找,我们在首都博物馆的库房里找到了一些线索。要知道凭借古诗词和史料典籍,我们始终只能猜测,想要找到确切的答案,出土的文物最可靠。我们希望在首博里找到能证明幽州城位置的文物。

工作人员告诉我们,证明幽州城位置的不是一件文物,而是九块石碑,在首博的库房里就藏着其中的三块。准确地说那不是石碑,而是墓志,也就是墓葬中刻着墓主人生平的石刻。但重要的不是墓主人的身份,而是墓志上的另一个信息。

在海淀紫竹院南边出土的"唐卢公夫人赵氏墓志"上写着"葬于府城西北十里",而永定门外安乐林出土的唐"棣州司马姚子昂墓志"记载:

探墓手记——镜头背后的北京唐墓传奇

唐卢公夫人赵氏墓志

姚子昂墓志（局部）

60

唐仵钦墓志（局部）

唐卢公夫人赵氏墓志
（局部）

"葬于幽州城东南六里"。西城区二龙路出土的"唐仵钦墓志"刻着"咸亨元年，迁柩于城东北五里之平原"。这几块墓志上都清清楚楚地写着，当年墓主人下葬的地方距离幽州城的方位和距离。相当于墓主人的地下房产证。

要知道这些墓志的位置从埋入地下就从来没变过，发现了它们就等于给幽州城的东南西北城墙位置做了定位。比如"唐卢公夫人赵氏墓志"，唐朝的一里等于现在的0.72里，也就是0.36，它距离幽州城西北十里，也就是说从紫竹院南边的发现地，向东南3.6的地方大概就是幽州城的西城墙。

考古学家们总共找到了九块墓志，根据它们的位置和墓志上的记载，最终推算出来了唐幽州城的确切位置。南城墙在广安门桥南边的里仁街一

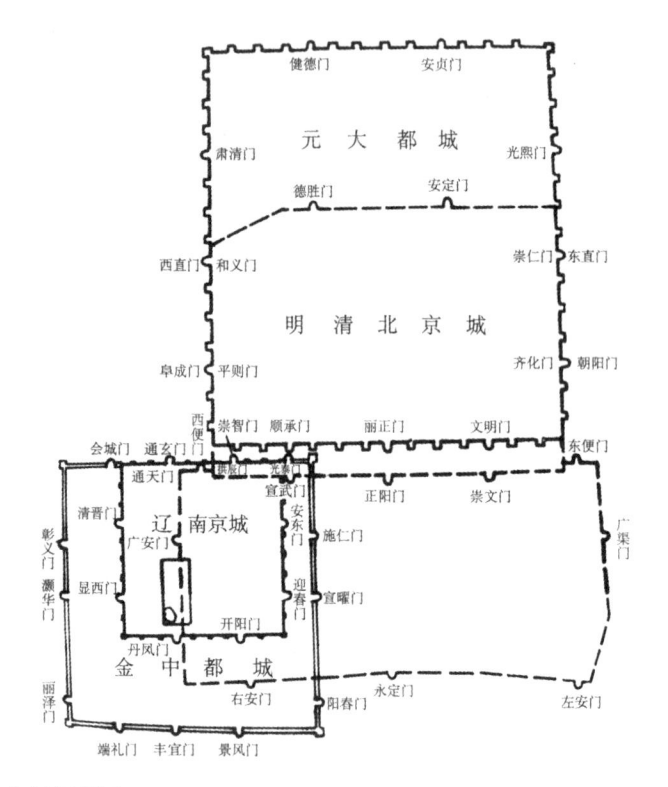

北京城变迁图

线，北城墙在头发胡同一线，向西延伸到白云观北边一带，东城垣在烂漫胡同与法源寺之间的南北一线，西墙在白云观西土城台到小红庙村一线。当我们把幽州城的位置标出来，却有种似曾相识的感觉。

原来辽南京城和金中都和唐朝幽州城的位置几乎重合，只是在幽州城的基础上又扩大了一点而已。看来当年辽代和金代定都北京，并不是简单的逐水而居白手起家，而是在唐代幽州城的基础上建起来的。

当年的幽州城不仅仅是军事要地，更是南北交通的枢纽，可随着这里越来越壮大，两个同样做着皇帝梦的人，却一手改变了幽州城。

## 流水的节度使　铁打的幽州城

相比起唐朝的首都长安和洛阳，幽州北京只能算是个边塞重镇，却让李唐王朝的命运转了个弯儿。更奇怪的是，一千多年后的北京城里，竟然发现了唐代的皇帝陵——是老李家的哪位继承人，葬在了偏远的幽州城呢？

1966年，在丰台区王佐乡林家坟，当地农民意外地在土堆里发现了汉白玉的石块和大石条，越挖越深，更挖出了铜牛、铜龙、马镫。其中一只铜龙如今就陈列在首都博物馆历史文化展厅里，这条龙长得有点怪，四脚着地蹲坐着，背生双翅，长相有点尖嘴猴腮，其实唐朝的龙就是这副尊容。不过唐朝的时候龙已经是天子的象征了，那会儿的北京叫幽州，顶多就是个边陲重镇，首都在几千里外的西安呢，这里为什么会有龙出现呢？

话说李唐天下三百年，做过皇帝的却不一定都姓李，盛唐时期武则天改国号大周，做了十五年的女

铜坐龙

皇帝，而公元756年，远离天子的幽州城里，两个野心勃勃的人也打算自立门户，国号大燕。他们一个叫安禄山，一个叫史思明。他们有一个共同的身份——幽州节度使。

节度使是个什么官呢？简单地讲，唐朝皇帝为了守卫边疆，在重要的军事要塞都设了节度使，就是地方的军政长官——那节度使官居几品，是多大的官呢？

这还得从唐朝初年，潭柘寺附近的另外一座寺庙——戒台寺开始说起。戒台寺里有一株千年白皮松，根据史料记载，这个松树就是唐朝武德五年，和戒台寺一起落户西山的，不过那会儿不叫戒台寺，而叫"慧聚寺"。而慧聚寺正是唐高祖李渊在位的时候，太子李建成一手修建的。可堂堂太子为什么也跑到边镇幽州来了呢？

话说当时镇守幽州的人叫罗艺，也就是《隋唐英雄传》里小旋风罗成的父亲，他与太子李建成关系匪浅，在罗艺镇守的幽州修建一座佛寺也就不足为奇了。唐高祖赐罗艺"李"姓，封为燕郡王，光凭这两点您就知道镇守幽州这官位绝对不低。到了武则天的时代，为了巩固边防，行军元帅逐渐固定在了一个地方，任命为"都督"，后来因为皇帝授权的时候要赐以"旌节"，慢慢驻军长官就改为了节度使，官拜二品。他们有军权、有财权，虽说效命于大唐王朝，但在当地就是土皇帝。

可唐朝皇帝万万没想到，为了巩固了边防，所有的将领都在边疆，自己却成了没有兵权的空壳皇帝。而安禄山和史思明所在的幽州最多时拥有军队近20万，相当于大唐边塞四分之一的兵力，也难怪安史之乱能逼得唐玄宗逃出长安城，害得杨贵妃自缢马嵬坡，搅得大唐王朝由盛转衰。话说到这儿，丰台区林家坟的这座唐墓，会不会是安禄山或者史思明的陵寝呢？

考古队没能找到任何墓志，却在另外一件东西上发现了墓主人的身份。

几片玉残片上，字迹还很清晰，这叫玉册，唐宋时期的帝王古墓中都

玉册、哀册　首都博物馆藏

有发现，类似于墓志铭，记录着墓主人的身世。可惜这套玉册大多摔成了几截，留下来的部分也连不成段，咱只能从字里行间搜寻线索。"昭武皇帝崩于洛阳宫玉芝"，说明墓主人这位皇帝死于洛阳，"帝朝义/孝/乃因心/亲惟"，说明还有一位叫"朝义"的皇帝为他尽孝。而根据史料上的记载，史思明被他的儿子史朝义杀死在了洛阳，又运回到幽州安葬，玉册上的内容和史料不谋而合了，这座唐墓的主人正是安史之乱中的史思明。

　　安禄山和史思明起兵谋反，一举攻下了东都洛阳，安禄山登基当上了皇帝，国号大燕。不过背叛是一种基因，具备遗传的能力，安禄山皇位还没坐稳一年，就被儿子安庆绪杀了，不甘心做臣子的史思明又除掉了安庆绪，不出三年，史思明也被自己的儿子史朝义干掉了。一场轰轰烈烈的安史之乱这才落下了帷幕，不过幽州节度使之间尔虞我诈、谋兄弑父的剧情却仍在唐代古墓之中上演着。

## 幽州城，疆场之外也有诗情画意

唐代的幽州给人留下了血洒疆场、刀光剑影的印象，也给了唐朝诗人无限的灵感。

"去岁荆南梅似雪，今春蓟北雪如梅。"

"幽州多骑射，结发重横行。"

"北登蓟丘望，求古轩辕台。"

"燕山雪花大如席，片片吹落轩辕台。"

不管是幽州当地的文人，还是向往边塞的诗人，甚至包括李白，在唐诗中都为幽州描上了浓墨重彩的一笔，不仅因为幽州是边陲重镇，更因为这里有一位诗人眼中的精神领袖。

在房山区良乡，在一座土坡前有一座"望诸君墓"，它的主人对于我们来说有些陌生，却有众多唐朝诗人为他挥毫泼墨。

"蓟北三千里，关西二十年，冯唐犹在汉，乐毅不归燕"。

"剧辛乐毅感恩分，输肝剖胆效英才。昭王白骨萦蔓草，谁人更扫黄金台。"

"乐生何感激，仗义下齐城。雄图竟中夭，遗叹寄阿衡。"

他们共同提到了一个人——乐毅，正是这座古墓纪念的人。乐毅是战国时期的军事家。当时燕昭王设黄金台，招贤纳士，对乐毅有伯乐之恩，乐毅更是协助燕昭王振兴燕国。当李白在幽州写下这首关于乐毅的唐诗的时候正值盛唐，可他已经预感到了危机暗涌，果然之后不到十年的时间，

上编 / 幽州风云

房山区乐毅墓

房山区乐毅墓

房山区贾公祠

贾公祠影壁

安史之乱爆发，幽州城的两位节度使终结了大唐盛世。从此国事动荡，报国无门的诗人们也只有在幽州大地上纪念乐毅了

不过当大多数幽州诗人都为战事纠结的时候，在房山区的贾岛峪却诞生了一位善于推敲的诗人——贾岛。"闲居少邻并，草径入荒园。鸟宿池边树，僧敲月下门。"诗人贾岛纠结于究竟用"推"还是"敲"，诞生了一句诗词，更创造了一个词"推敲"。贾岛出生在房山，他最初出家为僧的云盖禅寺也在房山，然而这推敲的典故却发生在千里之外的长安城。毕竟幽州军事要塞的身份太过于显著，痴迷于文字的贾岛反而没了用武之地，最终投奔长安之后客死他乡，而在幽州留下显赫功名的依然是那些戎马疆场的大将之才。

中 编

# 那些没来得及展示的细节

## 墓室里的国色天香

房山长沟大墓最珍贵也是最受关注的出土文物当属墓主人夫妇的两方墓志,但也正是因为它们过于夺目,使很多人忽略了大墓里另外一些重要的细节。比如在棺床、墓门、壁画以及墓志盖上中都出现了同一种图案——牡丹。

从某种角度上说,遍布在墓室各个角落的牡丹图案和绳纹砖起到了同

墓道门柱上的牡丹纹饰    墓道门槛上的牡丹纹饰

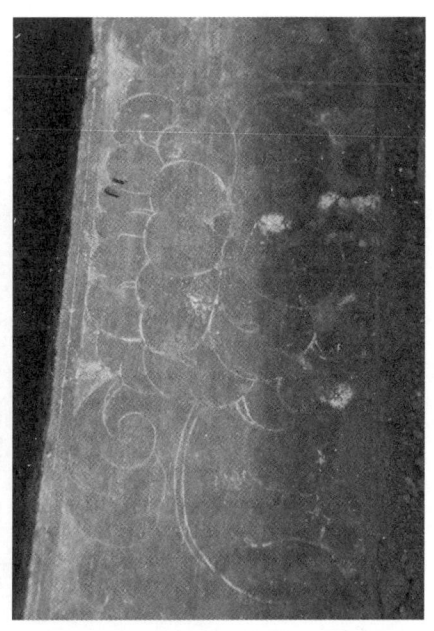

样的作用，使考古队初步推断这是一座唐朝古墓。

"唯有牡丹真国色，花开时节动京城。"（唐刘禹锡）"何人不爱牡丹花，占断城中好物华。"（唐徐凝）唐朝诗人不约而同地以牡丹为题作诗，经有人粗略统计，仅《全唐诗》里就收录了五十多位诗人写的一百多首牡丹诗。

那么为什么唐朝人对牡丹情有独钟呢？原因之一就是新鲜。

据史料记载，唐朝之前虽然医书里已经记载了牡丹的药用价值，但没人关注它的观赏性，更没人费心思去种它。正是因为这个原因，牡丹刚刚盛行的时候并不叫牡丹。唐代一本名为《松窗杂录》的笔记小说里记录了不少唐代的奇闻异事，其中以唐玄宗时期的居多。书里提到："开元中，禁中初重木芍药。"

开元是唐玄宗李隆基的年号，而木芍药指的就是牡丹。从植物家族的角度来看，芍药和牡丹是近亲，都属于毛茛科。但是芍药是草本植物，牡丹是木本植物，所以一开始人们管牡丹就叫木芍药。

《松窗杂录》里记载的宫里最早种植牡丹的地方叫沉香亭。话说有一天唐玄宗带着杨贵妃到沉香亭赏牡丹，歌手李龟年献唱助兴。唐玄宗却嫌他唱的都是陈词滥调，于是请来诗人李白现场填词，诞生

《太真上马图》局部　五代　周文矩　邓拓藏

了著名的《清平调》。其中最有名的那句"云想衣裳花想容"说的就是看到了牡丹花的容貌就想到了杨贵妃。这可不是李白单纯地奉承杨贵妃长得漂亮，而是暗指牡丹与杨贵妃共沐隆恩，可见牡丹花在唐朝的地位是何等之高。

杨贵妃的远房表哥——宰相杨国忠的府里种植牡丹的事儿也被写进了史书里，《开元天宝遗事》里记载说：杨国忠家"每于春时木芍药盛开之际，聚宾友于此阁上赏花焉"。可见种牡丹赏牡丹在唐朝已经成了一件很上档次的事儿。

关于牡丹在唐朝的流行原因还有一个版本，代言人由盛唐的唐玄宗、杨贵妃换成初唐的武则天。

武则天是山西太原人，太原在唐朝的时候叫并州。紧挨着并州的是出产汾酒的杏花村所在地——汾州。相传武则天有一次回老家经过汾州的众香寺，看见里边种着不少牡丹，当即决定把它们移植到长安、洛阳以及江南地区。牡丹花就这样在唐朝光荣绽放了。

有了皇帝、贵妃的宠爱，还不能完全证明牡丹花在唐朝的地位，群众基础更能说明问题，您知道牡丹花在唐朝的市价是多少吗？

当时有人感叹"牡丹价重"，也有诗人说："王侯家为牡丹贫"，您听听，王侯将相买牡丹能买穷了。白居易说"灼灼百朵红，戋戋五束素"，意思是一百朵牡丹花价值25匹绢（一束素等于5匹绢），这是什么概念呢？后边有更准确的描述：一丛深色花，十户中人赋。由此可见，一束花的价格是十个中等收入家庭的一年的纳税总额。更有人用粮食的价格进行换算，得出一株牡丹的价格能买百十石粮食。如果按照小麦计算，唐代的一石小麦大概相当于现在的一百斤左右，2012年的小麦收购保护价是1.02元一斤，一石小麦大概102块钱，一百石粮食就是10200块人民币。拿一万多块钱去买一株牡丹，其价值和地位由此可想而知。

此时再看大墓里遍布在各个角落的牡丹花纹，那雕的不是国色天香而是身份，炫的不是鬼斧神工而是财富。

## 被忽视的壁龛

壁龛究竟是什么呢？如果您在网络上搜索这个名词，出现的解释会是："一个很新的家装名词，它是一个把硬装潢和软装饰相结合的设计理念。"这似乎和我们所要了解的古墓壁龛没有任何关系。但更详细的解释或许能够为我们提供一些参考：壁龛是在墙身上所留出的用来作为贮藏设施的空间。没错，不管是现代家装还是古代墓葬，壁龛都是墙体上凿刻出来的储藏空间。从房山长沟大墓的平面图上看，壁龛位于甬道两边。那么既然是储藏空间，究竟是用来储藏什么的呢？其实这是一道多选题。

**壁龛作用一：保姆房**
古人视死如生，不仅要把金银财宝带进墓葬，生前的一干伺候随从也难逃殉葬的命运。河南安阳殷墟遗址发现的妇好墓里曾经发现了16具殉葬的尸骨。其中2个人在东壁龛里，1个人在西壁龛里。由此可见，壁龛在古墓里担当起"保姆房"的功能，用来安置奴隶、侍女等等殉葬人。

**壁龛作用二：储藏室**
2012年6月，昔日唐朝的首都——河南洛阳出土了一座唐墓，墓主人是唐代初年左骁卫大将军王雄诞的夫人魏氏，壁龛里发现了二百多件随葬的唐三彩。除此之外在陕西宝鸡出土的西周墓里，壁龛成了青铜器的藏身之地，由此可见，壁龛的另一种功能就是储藏随葬品，而且储藏的东西是墓主人所处时代特有的象征身份的器物。

**壁龛作用三：厨房、停车场**

2006年，陕西省咸阳市出土了一座汉代郡守的墓葬，一共发现了五座壁龛。其中一座壁龛里出土了铁刀、木炭，人们推测这可能象征厨房，另一座出土了鸡蛋壳、动物骨骼，很可能代表粮仓，另外三座出土了七百多件金属车马零件，被推测为车马库，相当于现在的停车场。

那么大墓的壁龛里都随葬了些什么呢？在2013年3月30日，我们的记者第一次走进大墓的时候，程利就在介绍大墓基本结构的时候道出了实情。

程利：壁龛遭到了严重的破坏，已经没有遗存了。

当时大墓的甬道被两方墓志占据得满满当当，挡住了通往主室的道路。我们发现大墓志西侧有一个小小的平台，便本能地当成了台阶，但程利的一句话却引起了大家的关注。

北京市文研所所长助理程利，介绍房山长沟大墓壁龛出土情况

北京市文研所所长助理程利，介绍房山长沟大墓壁龛出土情况

程利：你注意看这平台上有彩绘。

顺着程利手指的方向，我们发现墓志西侧的平台上果然画着一朵莲花，周围的墙体已经面目全非，程利猜测说：这地方应该是个壁龛。

那么这座壁龛究竟是用来放什么东西的呢？珍贵的随葬品、殉葬的人骨还是厨房用具、车马座驾呢？指向真相的唯一线索，就是这个画在平台上的莲花彩绘了。

乍一看，这朵莲花是个只能看见花心花瓣的俯瞰图，让我们不禁想起了寺庙里的莲花宝座。相传释迦牟尼和观世音都喜欢莲花，把宝座设计成了莲花的样子，从此莲花宝座在佛教界流行开来，成了"佛座"的标准样式，通常情况下宝座分为三层，从下往上分别是须弥座、束腰、莲花花瓣。不仅是佛像，有些佛塔的基座也采用了莲花的样式，因为佛塔最初是存放佛祖舍利的地方，被看做是佛祖的化身。

正是因为莲花宝座与佛祖如影随形的现象，使得程利做出了一个推测：壁龛里很可能曾经供奉着与佛教题材有关的造像、镇墓兽或镇墓俑。然而从刚才提到的案例来看，壁龛里存放的大都是墓主人最需要、最珍视的东西，如果房山大墓的壁龛真是用来供奉佛物的，那么可以想见墓主人有着与众不同的内心世界。他究竟是个什么样的人？细节之中的蹊跷，加重了我们对墓主人的好奇心。

房山长沟大墓壁龛上的莲花座图案

## 主室西北角　奇怪的弧度

2012年6月26日，墓主人墓志的垫土进入了最后的清理阶段，这是一个漫长且枯燥的过程。我们的编导百无聊赖地环视着整座墓室——这座与我们朝夕相处了三个月之久的地下迷宫究竟还藏着多少谜团？

环顾间，我们注意到主室西北角的墙根并不是直角，而是一个圆弧形。考古队员漫不经心的答案却又勾起了我们的好奇：那是洛阳铲的痕迹。

洛阳铲？不正是小说里常见的盗墓工具吗？难道这是盗墓者留下的痕迹吗？

深问之下，众人指点我们去问

洛阳铲探孔　摄于房山长沟大墓主室西北角墙面

巴武强清理墓道石门门柱

现场一个叫"三哥"的考古队员。"三哥"名叫巴武强,个子不高皮肤黝黑,圆圆的脸庞上长着一副关云长一样的细长眉眼。巴武强是地道的河南人,在我们看来,河南不仅仅是一个籍贯,更是一个遍地古墓、盗墓猖獗的地方,也是洛阳铲的发源地。

河南洛阳,是数百年来洛阳铲的唯一产地。作为十四朝古都的河南洛阳,地下遍布着各个朝代的贵族古墓。上风上水的邙山上更被古墓占据得"无卧牛之地"。于是富有研发精神的盗墓集团发明了一种铁铲。铲头呈现出半个圆筒形,长度在20厘米到40厘米之间,直径在5厘米到20厘米之间。装上富有韧性的木杆之后,最深能够勘测到地表18米以下的土层。洛阳铲看起来简单,却深藏着铸造绝学。铲头看似是圆筒形,但其实并不是一个半圆的弧度,二十多个工序打造的弧度稍有差池,铲子就带不上土来。而洛阳铲的原理就在于可以深入地下带上土层,有经验的人从土的颜

洛阳铲

洛阳铲

色、结构、密度就能看出来地下是否有古墓。

然而罗马不是一天建成的，偷坟掘墓工具的专业化也不是一天完成的。早在洛阳铲被发明之前，挖墓的人与挖地窖的人使用着一样的工具——铁锹。然而众所周知，扁平的铁锹要想带上土来则必须与地面形成一个钝角，一锹下去深度有限，可谓费时费力。那么究竟是谁发明了洛阳铲呢？

## 黑白通吃的洛阳铲

绝大多数劳动工具在发明之初都是为了提高劳动效率、促进生产，却由于使用者的不同有了善恶之分，洛阳铲则是一个悖论，为我们创造了一个"改邪归正"的正面案例。

在河南当地流传着洛阳铲从无到有的传说。

相传河南洛阳马坡村有个以偷坟掘墓为生的农民叫李鸭子，某日李鸭子赶集的时候发现一个包子铺的老板正在搭雨棚。只见那人用一把马蹄形的铁铲子往地下一戳，立刻铲出一撮土来，几下就戳出了一个竖直的小圆洞，插上木杆搭起了雨棚，整个过程又快又好。

此时李鸭子关注的不是圆洞，而是挖出来的土。如果用这种铲子对古墓进行勘探，岂不是比铁锹的效率高多了。很快，一种圆筒形的铁铲被李鸭子研发出来了，这就是最初的洛阳铲。

奇怪的是，不少人前赴后继地研发洛阳铲的制作工艺，然而一模一样的外观、同样的尺寸弧度，甚至使用更轻便、更高科技的材质，最终都因为"带不上土"而功亏一篑。据说如今河南能按照传统工艺制作洛阳铲的铁匠屈指可数，其中巴武强所在的村子里就有一家。我们问及洛阳铲的奥妙之处，巴武强不无自豪地说：关键就在那几锤子。

其实，只可意会不可言传的不只是洛阳铲的制作工艺，洛阳铲的熟练使用也非一日之功。

巴武强告诉我们，水平高的人通过洛阳铲和土地接触传递出来的声音和手感，就能对地下情况做出初步的判断。俗话说：是金子到哪儿都发光。洛阳铲为盗墓而生，如今却成了最原始也是最有效的考古勘探工具之一。

然而如今的考古勘探工作不是几个人就能完成的。从一张北京市西城区后英房元代遗址考古现场的照片上可以看出来，手执洛阳铲的考古队员站成一排，同时前进，他们只负责取土，由身后的技术人员判断土层的包含物。这种"大兵压界"的勘探方式，并不是没有规律可循。巴武强告诉我们，通常情况下，四个相邻探孔之间的面积通常是一平方米的正方形，一旦发现土层有问题，便会在正方形的对角线交叉点上再打探孔。什么样的土层才算有问题呢？原来，土壤里保留着详细而且准确的历史信息。

后英房元代遗址考古现场

为了更形象地了解洛阳铲的使用方法，考古队员答应带我们到大墓之外的一片土地上做个试验。

当巴武强用洛阳铲取出一段土壤，我们没看出任何迹象，他却确定地说这是作物层，也就是历史上种植过庄稼或者果树而留下的熟土。

原来，原始存在的土层没有经过人为的扰动，叫做生土。这是一种自然堆积的原土层，直观上看，它的层次很清楚，一层压一层。

与生土相对应的是熟土，也就是人为扰动过的土壤。大多数深埋地下的古墓都发生过坍塌或者回填，相当于人为地破坏了自然的地层。然而并非所有出现熟土的地方都有墓地，平整土地、种庄稼种树、建设窑厂等等活动都可能触动土壤。

而藏有古墓的土层又有一个特征，就是经过人工夯实，夯实的熟土和自然的生土层之间有一个明显的界限，千百年都不会消除。一旦洛阳铲发现了这样的土壤，就基本可以确定古墓的存在和位置了。

其实除了熟土之外，勘探过程中还会遇到一种土壤，这就是"花土"。所谓"花土"，可不是种花用的土，而是土壤被人为翻动过之后，各种信息出现混乱，一层土里可能出现很多种特征。这样的土层，在古墓的盗洞里比较常见。

房山长沟大墓主室西北角的那一铲土，带出的信息更为复杂，圆柱形的一铲土呈现出两个特征，一半是典型的五花土，而另一半则有颜料和白灰的痕迹。

五花土是盗洞的痕迹，而带有颜料的白灰则是壁画墓的典型特征。如今我们才知道，当初那半铲五花土，是大墓被盗之后发生坍塌而堆积在主室里的土壤，而混有颜料的白灰则是主室西墙和北墙衔接处的壁画。

最简单的工具往往暗藏着巨大的神奇，如同指南针改变了世界，其貌不扬的洛阳铲同样征服了国内外的考古界。1997年，中国社科院考古研究所安阳工作队和美国明尼苏达大学合作开展了"洹河流域区域考古调查"，又正值"夏商周断代工程"正式启动。在众多的高科技勘测设备面

洛阳铲

前，洛阳铲如同世外之人朴素低调却身怀绝技。当荷兰钻因为速度慢、成本高且不适合大面积钻探而败下阵的时候，洛阳铲在训练有素的探工操作之下，通过2000多次的铲探找到了商王朝中期的都城遗址——洹北商城。

# 大定通宝引发的猜想

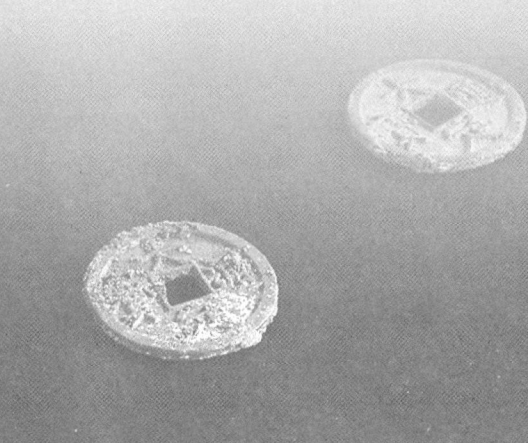

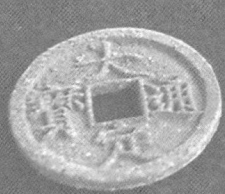

中编 / 大定通宝引发的猜想

在房山长沟大墓出土的诸多随葬品里,最引人瞩目的几件随葬品既不以数量取胜,也不以个头称奇,而是几枚小小的铜钱。就在大墓年代初步确定为唐朝的时候,其他陪葬品的身份都得到了证实而不再神秘,唯独关于这几枚铜钱的猜疑才刚刚开始。因为铜钱上却赫然铸有"大定通宝"的字样,大定并不是唐代的年号,换句话说大定通宝并不是墓主人生活时期的流通货币,那么它为什么会出现在古墓里呢?

金"大定通宝"(出土于房山长沟大墓)

## 古墓：出土钱币的几种可能

古墓里为什么会出现铜钱呢？

在陕西临潼姜寨的新石器时期仰韶文化遗址墓葬群里，考古工作者曾经发现有些死者嘴里含有贝壳。这究竟是偶然还是一种习俗呢？

翻开字典我们不难发现，跟钱财有关的字大都以"贝"为偏旁部首，这是因为在西周之前，中国流通的钱就是海边随处可见的"贝壳"。

如今看来，古人"捡钱"比咱们"赚钱"容易得多，但事实并非如此。在那个交通基本靠走、通讯基本靠吼的时代，在海边捡贝壳是个任重而道远的工作。正是因为珍贵，贝壳先是被当成珠宝制作成装饰品，后来承担起了以物换物的媒介工作，更能相当于咱们现在实用的"钱"。随着经济的发展，人们发现捡钱的速度赶不上货品交换的速度，因此一种"人造贝壳"应运而生，出现了"骨贝"、"铜贝"等等。"人造贝币"的出现向我们进一步证明了贝壳的稀有性。如此看来，陕西姜寨新时期时期墓葬里墓主人嘴里含的正是"贝币"，这种习俗被称为"死含"。

凡是历史根基深厚的古老国度，似乎阳间的世界不足以承载这份文明的厚重，因此人们对冥界都充满了无尽的幻想与剖析。比如历史同样悠久的希腊文明中就流传着一种说法，死者去世之后进入冥府需要渡过一条河。放一枚硬币在船上作为摆渡钱便可以顺利到达彼岸。而中国人死后口含钱币的习俗大概也有异曲同工的意思，有人说是买路钱，也有人说代表生者将财产分与死者，亦或是象征死者在另一个世界能够口中不虚，总之是活人的价值观在死人身上的一种体现。

到了周朝，死者含在嘴里的东西逐渐成了一种等级象征，春秋时期的儒家经典《公羊传·文公五年》里说"孝子所以实亲口也，缘生以事死，不忍虚其口。天子以珠，诸侯以玉，大夫以碧，士以贝，春秋之制也。"大概意思是孝子贤孙们之所以要在死者嘴里放东西，源自古人视死如生的观念，不忍心让他们嘴里空着离开人世。天子口含宝珠、大夫口含玉石、士口含贝壳，这是春秋时期的规矩。

话说到这儿，口含的内容已经从金钱变成了珠宝、玉石一类的象征物，那么房山长沟大墓出土的铜钱，是不是可以排除"含在嘴里"的可能呢？

有专家推测，春秋战国时期发行的货币主要是布币、刀币，体积大重量沉无法含在嘴里。到了秦汉时期，死者口含钱币的习俗又出现了返潮。洛阳曾经发现225座东汉墓，其中162座发现了钱币，总数量高达11265枚。山西朔县发现的一座夫妻合葬墓，男女死者的嘴里都含着一枚铜钱。除此之外，铜钱发现的地点不尽相同，除了含在嘴里的之外还有随葬在棺外的以及握在手里的。

但是话说回来，东汉墓里随葬的铜钱数以百计，而房山长沟大墓出土的"大定通宝"只有七枚，财富等级和墓室的规模严重不符，那么通过数量我们能不能排除随葬品的可能呢？

从出土的墓葬来看，陪葬铜钱的数量在隋唐时期确实发生了骤减，通常只有一枚到三枚。有意思的是，唐代的墓主人不仅要把铜钱带到冥界，还不忘了带点"外汇券"。在河南洛阳龙门发掘的一座唐代夫妻合葬墓里就发现了一枚罗马钱币，夫妇手里还各握着一枚唐代典型的"开元通宝"。洛阳的唐墓里还发现过波斯钱币，考古人员分析这些墓主人很可能是丝绸之路上的富商。如今在我们看来，陪葬外币可能是为了把生前的财富都带走，也没准是墓主人打算到另一个世界继续做外贸买卖。由此可见，古墓里出土的钱币是死者生活年代和生前事迹的一种写照。

正是基于这种常识，使得考古队员在房山长沟大墓发现"大定通宝"的第一时间难以淡定。绳纹砖、凿山为陵的双墓室等等迹象都暗示房山长沟大墓是一座唐墓，但"大定通宝"显然不是唐代发行的钱币。熟悉历史的考古队员们不约而同地想到了一个朝代，恰恰与民间关于大墓的传说相吻合，初露端倪的大墓身份此时又几乎回到了原点。

# 四个字：写尽千年历史

大定通宝，这是一个标准的铜钱名称，"大定"是年号，"通宝"是古人对铜钱的叫法。但是翻阅史料我们不难发现，以"大定"为年号的朝代多达四个，南朝西梁宣帝萧詧的年号是大定，北朝北周静帝宇文衍的年号是大定，元末败在朱元璋手下的陈友谅一度称帝，年号也是大定，那么大定通宝究竟是哪个朝代的钱币呢？会不会是民间传说的金代呢？

事实上，了解了中国古代钱币的发展历史，便不难破解这个问题。钱币上的文字内容，是随着朝代的变化而变化的，并不都是年号。

比如秦始皇统一中国的同时统一了钱币，那时候铜钱上写着"半两"，这指的是铜钱的重量。汉代的铜钱上写着"五铢"二字，指的也是重量。三国时期刘备刘玄德在益州发行了"直百钱"，"直百"的意思就是"价值一百"，代表面值。同时直百钱的背面还写着一个"为"字，指的是发行直百钱的益州犍为。

那么古人究竟是什么时候开始把年号写在铜钱上的呢？中国最早的年号钱是十六国汉李寿所铸的"汉兴钱"，后来又有南朝宋的"孝建五铢"和北魏孝文帝的"太和五铢"等等。直到宋朝，把年号铸造在钱币上成了一种制度，从北宋太宗到南宋度宗持续了将近三百年间，宋代以后用的都是年号钱。如此说来，年号钱的出现朝代涵盖了南北朝和金朝，让我们一时无法判断"大定"的时代。但是"通宝"二字却向我们泄漏了答案。

"开元通宝"是历史上第一次用"通宝"来命名钱币，通宝是什么意

唐"开元通宝"　房山长沟大墓出土

思呢？这意味着从此以后钱币的价值不再由其重量来衡量，货币从一种等价交换物变成了一种流通媒介，"通宝"便是这个意思。形象点说，一百块钱的购买力与印刷一百块钱所用的印钞纸的价值不再划等号。

由此可见，始于唐朝的"通宝钱"不可能出现在南北朝时期，换句话说，"大定通宝"的"大定"既不是南朝西梁宣帝的年号也不是北朝北周静帝的年号。排除了这两种可能，还剩下金代金世宗和元末陈友谅两个"大定"年号。然而我们发现陈友谅在1360年使用的第一个年号叫"大义"，同时发行了"大义通宝"，而不是"大定通宝"。推论至此"大定通宝"毫无疑问是金代大定年间铸造的铜钱。

古人在钱币上跟咱们玩起了文字游戏，而且颇有专业精神。铜钱上的文字大都出自名人之手，比如秦朝的半两钱，简单的"半两"二字是秦朝的丞相、大书法家李斯亲笔所写，而"开元通宝"则是唐代书法家、中国楷书四大家之一的欧阳询所写。北宋时期的"淳化元宝"则是宋太宗赵光义的御笔。"元祐通宝"所用的行书出自苏东坡之手。宋徽宗更是先后为"崇宁通宝"和"大观通宝"题字，用的都是他最擅长的"瘦金体"。

"通宝"始于唐朝，而1915年云南铸造的"民国通宝"则是最年轻的"通宝铜钱"。

从唐朝到民国，漫长的一千多年时间里，还出现了"元宝""重宝"字样的铜钱，它们之间到底有什么关系呢？原来，"通宝"是随着"开元通宝"诞生的一种对铜钱的叫法。"开元"二字上下排列，"通宝"二字右左排列。按照古人阅读的习惯，开元通宝又被顺时针读成"开通元宝"，这是最早出现"元宝"的叫法。而"元宝"真正出现在钱币上是在安史之乱期间，话说史思明攻占了洛阳自称"大燕皇帝"，发行了"得壹

唐"淳化通宝"

唐"崇宁通宝"

唐"大观通宝"

元宝",后来又觉得"得壹"这名字不吉利,所以改成了"顺天元宝"。

最早的"重宝"则是唐朝官方发行的"乾元重宝"。乾元是唐肃宗李亨的年号,这是个唐朝历史上既能干又倒霉的皇帝。话说安史之乱爆发于公元755年,结束于公元763年,前后八年,而唐肃宗在公元756年,也就是叛乱的第二年登基。他在公元757年动用大将郭子仪从叛军手里夺回了长安城,銮驾回朝之后把原来的"天宝"年号改成了"乾元",取义"天道伊始",踌躇满志打算"从头再来"。可惜的是安史之乱在公元763年结束,而唐肃宗在距离成功只有一步之遥的公元762年就去世了。可以说整个安史之乱是在他的指挥下平定的,他却只见到了胜利的曙光,没等到新升的太阳。

然而唐肃宗是个擅长军事却不擅长经济的皇帝,安史之乱前方打仗需要钱,唐朝国库空虚怎么办呢?唐肃宗听取财政部长第五琦的建议,下令发行了"乾元重宝","重宝"顾名思义就是面值大,能够以一当十,所以民间又叫"乾元大钱"。可惜"乾元重宝"不仅没有缓解军费紧张的危机,反而引发了通货膨胀。《新唐书·食货四》记载:"法既屡易,物价腾贵,米斗钱至七千,饿死者满道。"

从开元通宝到乾元重宝,一枚铜钱上简洁的四个字写进了千年历史中的"政治"、"经济"、"文化"甚至是当政者心理活动等等信息。然而您发现一个问题了吗?古钱币的文字既然这么重要,为什么不给文字预留出更多的空间,而要在圆形的钱币上打个方孔,只留下四周那点小得可怜的地方写字呢?

这就不得不提到一个词——盘缠。古人把铜钱穿成串系在腰间方便携带,所以管钱叫盘缠。而铜钱上的孔就是用来穿绳用的。但为什么是方孔而不是圆孔呢?

事实上,战国时期秦国使用的铜钱还是圆孔圆形的,叫做"圜钱"。但秦始皇统一中国的同时统一了货币,铜钱上的圆孔很快就变成了方孔。至于原因有两种说法:有人说这代表着天圆地方,也有人说是为了方便铸造。

钱币虽然小，但却跟青铜器一样是用模具铸造出来的。受到技术的限制，古代的铜钱铸造出来之后需要对边缘进行进一步的打磨。最快捷的方法就是把若干铜钱穿在方形的木棍上批量加工，方孔容易固定钱币，防止打转。因此方孔圆形钱流行了几千年，被人们戏称为"孔方兄"。

## 大定：同一个世界同一个梦想

从古钱币的历史和年号上看，大定通宝最终被确定为金世宗完颜雍执政时期发行的铜钱。咱们在前文说过，金世宗是海陵王的叔伯兄弟，趁着海陵王南征兵败的机会登基当了皇帝，改元"大定"。相传海陵王完颜亮得知这个消息之后仰天长叹，原来他计划灭宋之后就把年号改为"大定"，没成想让完颜雍抢了个先手。

"大定"取"天下大定"的意思，这或许是完颜亮、完颜雍两兄弟的同一个世界同一个梦想。如果两人能够对唱一首《我和你》，想来会是极好的。然而两个人心中的"大定"或许并不完全相同，海陵王要的是自己权力的稳固，而金世宗则在为天下黎民的安定而励精图治。因此他一手将前朝丢下的烂摊子打造成了"大定盛世"，被后人称为小尧舜。

话说小到一个家庭的幸福大到一个国家的兴衰，都离不开一个"钱"字。但是金代早期却没有属于自己的钱币，他们使用的大都是宋朝甚至更早时期的古钱，这种现象持续了四十多年，直到"正隆元宝"的出现。正隆是海陵王完颜亮使用的第三个年号，"正隆通宝"成为了金代自主发行的第一套货币，那时候完颜亮正是踌躇满志、不可一世的时候。铸造出来的钱币，精美程度能够跟宋钱媲美。

房山长沟大墓出土的"大定通宝"，是金世宗在大定十八年（公元1178年）发行的金代第二套钱币。金代经济史料《食货志》里记载：大定十八年，金朝在今天山西东北部一个叫代州的地方成立了一座"印钞厂",但是发行的铜钱又黑又干还布满斑点,根本没法用。于是金世宗命令工部、吏部监督,重新铸钱。最终终于打造出了比"正隆元宝"还要精美的"大定通宝"。

那么这"大定通宝"究竟精美在哪儿呢?

首先是材质,铜钱的成分很像青铜器,由铜、铁、锡按照一定的比例铸造而成,实打实的含铜量决定着铜钱质量的好坏。金代铜原料紧缺,于是金世宗采取开源节流的方法,一方面禁止铜制品的流通和出口,另一方面征集全国各地的铜料,运送到首都铸造钱币。

除了材质还有字体,"大定通宝"几个字采用的是瘦金体,这是由那位失败的政治家、成功的书法家——宋徽宗赵佶发明的一种楷书字体。即便是书法外行也不难看出其中的特点——字体消瘦挺拔,横笔带钩,转折的地方顿笔夸张,人们很形象地称之为"铁划银钩",又叫"鹤体",颇得仙鹤清秀俊逸、挺拔高傲的神韵。

"大定通宝"除了质量好之外,还有着巨大的发行量。相传明清时期北京的宣武门外有一座大定庵,就是用出土的大定通宝斥资建造的。

然而"天下大定"的标志不仅是丰衣足食,还得有个风景如画的生存环境。因此金世宗不仅是个"造钱高手",还是个园林设计师。如今北海公园就是金世宗按照河南开封的宋朝皇家园林艮岳园建造的,当时琼华岛上还没有白塔,只有一座大宁宫,当时的水也不叫太液池,而叫西华潭。如今琼华岛上的太湖石,都是当年金世宗下令从汴梁城艮岳园运来的。

太湖石原本产自太湖,《水浒传》里杨志提到的"花石纲"指的就是宋朝负责运送奇花异石的长途运输队。历史告诉我们,同样一件事,不同的时间不同的做法会导致不同的结果。比如搜集太湖石,宋徽宗在大宋王朝病入膏肓的时候劳民伤财建造艮岳园,引发了农民起义,成了压倒宋朝的最后一根稻草。同样,金世宗在金王朝问鼎天下之际,命人把太湖石从汴梁运到北京,劳役们的工作量能够抵扣税赋,最终成就了北京的一处园林美景,太湖石也因此得了个"折粮石"的趣称。可见事情本无对错,天时地利人和才是关键，乾隆皇帝概括得更是到位：摩挲艮岳峰头石，千古兴亡一览中。

故事讲到这儿，"大定通宝"见证了帝王更迭、朝代兴衰，又不无随葬品的可能性，难道这座大墓真如民间传说所说，是一座金墓吗？或许另外一座唐墓，能给我们一些启发。

# 河北曲阳
## 寻找唐墓参照物

2013年4月7日，清明节刚过的第一个周一，因为车号限行，李彦成的车早上六点便从西三环苏州桥的北京电视台接上了《这里是北京》的几个编导，奔赴河北省保定市曲阳县田庄村，我们的目标是几乎与刘济墓同时出土的一座初定为晚唐时期的古墓。

车上拉着整套的高清拍摄设备，深谙考古规矩的我们心里明白，这次的贸然造访可能无法拍摄，一路上李彦成不停地打着电话，疏通各个环节。文物圈和电视圈虽然相去甚远，但有一个共性，能在圈子里扎一辈子的，必有点过人的激情和执着。再加上点脾气相投的缘分，便会结下莫逆之交。而很多事情的成败，往往取决于信任与否。

## 汉白玉与草白玉

地图上看，从北京房山一路往北京的东南方向驶去，便是曲阳。两地相距二百多公里，一路上却有着惊人的相似。进了曲阳县，便会发现沿途鳞次栉比的雕刻厂，如果不是各家明晃晃地打着"曲阳"的招牌，很容易让人以为是到了房山区的大石窝。

石窝，望文生义就知道这是个"窝着石头"的地方，宋朝有个改邪归正的锦毛鼠白玉堂，而房山区大石窝镇也有个白玉塘，是黄龙山前后左右近千个采石坑之中最大的一个。采石坑里出的石头有好有次，山里的石头都是分层分布的，据说挖到第十三层，才是咱们常说的汉白玉。汉白玉是玉吗？答案是否定的，准确地说这是一种颜色洁白的大理石。

关于汉白玉的来历有两种传说，版本一是说这种石头从汉代开始就作为建筑材料使用，所以叫汉白玉。版本二则是说在新疆有一种洁白无瑕的建筑石料产自河床里，人称"水白玉"。与此同时，北京房山区也盛产一种能跟"水白玉"媲美的石料，因为来自山里，所以叫"旱白玉"。日久天长，干旱的"旱"被讹传成了汉代的"汉"。

不管是哪个版本，如今皇家宫苑里重修的望柱都很难保证是正宗的汉白玉，从一个侧面证明了这种石料的珍贵性。

《这里是北京》的编导曾经在房山区大石窝镇的采石坑"白玉塘"里亲眼看到，一块开采上来的大石料可能只有50厘米厚度的汉白玉。往往为了得到1米的汉白玉，要挖开几十米的山。即便如此，汉白玉也足以让房山大石窝的百姓们捧了几百年的金饭碗。

巧合的是，我们此行探墓的目的地——河北保定的曲阳县也盛产一种跟汉白玉惊人相似的石料——草白玉。这名字起得很形象，跟汉白玉相比，草白玉里掺杂着褐色的暗线，或许因为酷似杂草而得名。正如同汉白玉造就了石匠云集的大石窝镇，草白玉也造就了曲阳大大小小的石雕厂。或许因为距离北京不远，房山汉白玉也成了曲阳石雕厂的招牌之一。

之所以要话锋一转说石头，并不是单纯强化这种地理上的巧合。在那个交通运输都不太发达的唐代，房山区的刘济墓就近取材采用了高档的汉白玉雕刻成石椁棺床，因此我们猜测，曲阳的这座唐代古墓，很有可能也是就地取材，选用当地的草白玉。这个推论在到达目的地之后得到了证实。甚至从某种程度上说，建筑材料的充足是当年墓主人选址建墓的考虑因素之一。

## 双墓室格局：墓主人身份显贵

出了高速口，大老远就看见曲阳县文物局的工作人员在等我们。跟着当地的车，我们在曲阳的田间地头又穿梭了四十多分钟，一路上大家都在感慨，这地方如果没人带路绝对找不到。

有了刘济墓这碗酒垫底，我们大老远就猜出山根底下的一座遮雨大棚便是古墓的位置。到达目的地，我们并没有贸然拿出摄像机，没成想当地人却爽快地答应了我们的拍摄请求。但在意料之中的是，当地文物研究所的考古人员面对我们的镜头异常慎重，虽然一直热情地讲解着古墓的每一个考古细节，但也不忘了千叮咛万嘱咐我们千万不能播出。所以，这段珍贵的素材被我们锁进了素材库，只待一切都有确切定论的那一天才能解禁。

所幸的是，还有文字这种充满想象力的载体，可以让我们描述出曲阳这座唐代古墓带给我们的震撼。

首先从面积上看，曲阳的这座大墓比房山区的刘济墓大出许多，仅墓道就长达三十多米，而刘济墓的墓道只有11.5米。经过墓道的时候我们注意到两边的墙壁上铺着厚厚的棉被，一打听才知道，这下面都是壁画。在得到特许之后，我们的记者钻进了棉被里，壁画之美令人窒息，人物形象几乎和真人等高，有专家分析壁画的内容是唐代风格的大型仪仗队，这种猜测确实符合古人视死如生的观念。

曲阳大墓的另一个惊人之处，就是墓室的复杂程度。话说房山长沟大墓出土的时候，只剩下了墓室的四壁，而曲阳大墓却保留下了圆形穹顶。

探墓手记——镜头背后的北京唐墓传奇

河北曲阳田庄唐代大墓

穹顶为什么是圆形而不是方形呢？或许很多人都会想到这是天圆地方的建筑讲究。但深谙古建结构原理的李彦成却告诉我们，圆形的穹顶比方形屋顶更有利于防水，严丝合缝的结构，也更有利于防盗。不仅如此，学过数学的人都知道，在半径相同的情况下，半球的表面积是最大的，这么一来便有足够的空间可以施展彩绘。果不其然，我们在耳室内部的穹顶上，隐约看见了星宿图案。

连接墓道和主室的空间，叫做甬道。曲阳墓和房山墓的甬道相比没有太大的不同，但进入主室之后，我们的记者不禁发出了感叹：天外有天，墓外有墓。

掰着手指头数数，曲阳大墓的耳室多达十个，所谓耳室，就是主室旁边的小房间，类似北京四合院里的耳房。耳室多意味着什么呢？专家推测，耳室很可能是墓主人用来放陪葬品的地方，十个耳室，至少说明了墓

中编 / 河北曲阳寻找唐墓参照物

河北曲阳田庄唐代大墓墓道壁画

河北曲阳田庄唐代大墓穹顶结构

探墓手记——镜头背后的北京唐墓传奇

河北曲阳田庄唐代大墓

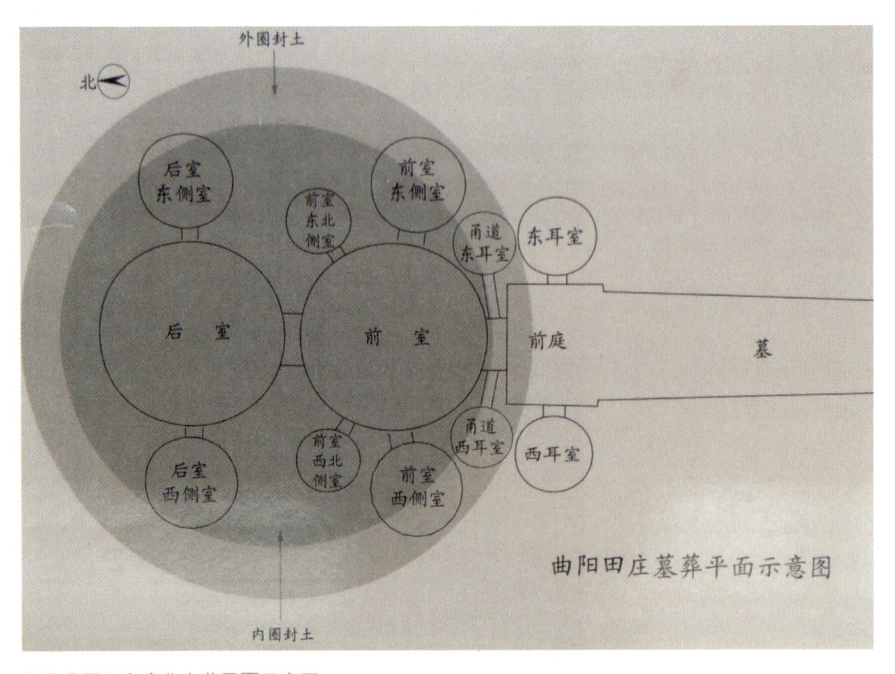

河北曲阳田庄唐代大墓平面示意图

中编 / 河北曲阳寻找唐墓参照物

河北曲阳田庄唐代大墓结构示意图

主人死后有很多东西需要带进墓里储藏。

然而我们并没有在主室里发现棺椁，这个古墓里的最大的空间——主室空空如也，当地考古人员告诉我们，跟房山长沟大墓安置在主室的棺床不一样的是，墓主人的棺椁是在后室发现的，这也从侧面说明，曲阳大墓的后室要比房山长沟大墓的后室大很多。但无论棺床在哪儿，前后的双墓室格局是墓主人生前地位的象征。

由此可见，曲阳大墓的主人和房山长沟大墓墓主人一样，集富与贵于一身。

## 相似的细节

步入曲阳大墓的后室，我们由惊讶转变成了惊喜，这座大墓的石椁虽然已经破损，但石构件还都散落在原地，比房山长沟大墓的石椁残件更大更完整。咱们能够清晰地看出来，石椁的外形和传统的棺木几乎一样，出檐的棺头上雕刻着一个展翅的飞鸟图案。同行的程利一眼就看出这跟房山长沟大墓发现的石椁图案很类似。而在棺床的西北角，石椁尾部的椁板上，一个由龟和蛇组成的图案让我们恍然大悟，原来这一头一尾是朱雀和玄武。

古人一手迷信一手科学，两手抓两手都很硬，其中道教信奉的神仙就和天文学完美地结合在了一起。为了观测天象，算命先生兼天文学家们选取了二十八个有代表性的星宿分成四组，跟东、南、西、北、青龙、白虎、朱雀、玄武相匹配。玄武对应的就是北方，古代大墓除了少数坐西朝东之外，大多数都坐北朝南，在地势上则要求左有青龙、右有白虎、前有朱雀、后有玄武。青龙白虎在古墓选址的时候体现，而朱雀玄武则被雕刻在了石椁上。

曲阳古墓的发现，创下了河北省考古界的多个第一和唯一，然而这份来自历史的震撼却夹杂着一丝遗憾，墓主人的身份至今无法确定，因为跟房山长沟大墓不同的是，这座大墓没有找到墓志。此时我们想起走进墓道时候的不同之处。

房山长沟大墓的墓道，通往主室的甬道一前一后梗阻着两盒巨大的墓

中编 / 河北曲阳寻找唐墓参照物

房山长沟大墓石椁南侧浮雕石刻

河北曲阳田庄唐代大墓石椁南侧浮雕"朱雀"造型

探墓手记——镜头背后的北京唐墓传奇

河北曲阳田庄唐代大墓石椁北侧浮雕"玄武"造型

河北曲阳田庄唐代大墓石椁北侧浮雕"玄武"造型

房山长沟大墓墓道与封门砖之间搭设木板

志,为了保护墓志,两道封门砖上架起了一块窄窄的木板作为通道。而曲阳大墓的墓道除了同样的封门砖之外,可谓畅通无阻。为什么在如此豪华的古墓里,偏偏缺了墓志呢?这个疑问一直萦绕在我们的心头,我们却在另一个空间里找到了答案。

探墓手记——镜头背后的北京唐墓传奇

河北曲阳田庄唐代大墓后室墙壁上的砖砌立柱

中编 / 河北曲阳寻找唐墓参照物

河北曲阳田庄唐代大墓后室墙壁上的砖砌立柱

走进安放棺床石椁的后室，随行的当地考古人员提醒我们：抬头看！令人震撼的是，整座后室的建筑构件跟木质的古建筑一般无二，砖砌的斗拱清晰可见。石柱上切割出优美的弧线，俨然一座地下宫殿。房檐上的莲花，一部分已经消失。当地考古人员猜测，这很可能是盗墓贼所为。这座古墓的精美石雕，无论在古今都有很高的艺术价值。

再看脚下的棺床，看似跟房山长沟大墓棺床上的石雕相似，但是经专家判断，这座唐墓棺床上的石雕是典型的人面形，而房山长沟大墓的是金刚脸造型。房山长沟大墓的棺床一共六层。从视觉上看，曲阳墓的棺床似乎更高一些，但仔细一数只有四层。细心的人发现，问题就出现在棺床的四角，四个雕刻精美的整身金刚托举着棺床的上半部，增高了整体高度。

河北曲阳田庄唐代大墓棺床"人面造型"

河北曲阳田庄唐代大墓墓道墙壁上夹杂的瓦片

　　残缺的石构件告诉我们，这座古墓曾经遭遇过一个或几个阵容强大的盗墓团队的洗劫，它们对石刻的价值略懂一二，不仅敲掉了墓室里精美的石雕，还有可能偷走了墓志铭，这或许是雕刻之乡——曲阳的盗墓贼独有的一种职业习惯。

　　不过也有专家猜测，墓主人可能生前贵不可言，修建了豪华的古墓。但因为死于非命或者战败而被草草入葬，所以没有墓志铭。各种猜测，至今没有定论。

　　细心的北京考古专家发现，这座豪华古墓的石料材质稍逊于房山长沟大墓，很可能是就地取材的曲阳草白玉。相比之下，房山长沟大墓的石料更加洁白细腻，是名副其实的房山汉白玉，如果曲阳墓的墓志铭果真被盗，那么房山长沟大墓墓志铭的发现，无疑是一种极大的幸运了。但后来我们得知，房山长沟大墓墓志的幸存或许源自一个误会。至于细节在后文中会有赘述。

事实上，曲阳墓带给我们的启发还不止如此。

墓道、前庭东西、耳室里都画着精美的壁画，但安放棺椁的主室墙壁上却空空如也，这是为什么？墓道的一侧墙壁上覆盖的不是墙皮，而是瓦片，这又是为什么呢？

古代人和咱们现代人面对死亡的态度不一样，少了逃避恐惧，多了未雨绸缪。尤其是有权有钱的贵族们，基本上刚来人间没多久就开始考虑离开的事儿。为了让自己死后有"现房"住，以及汲取了"人一走茶就凉"的教训，豪华的古墓大都是墓主人生前且官位最高的时候就开始修建的。从选址到设计再到竣工验收，墓主人都亲力亲为、层层把关。然而，墓地的修建是有计划的，生命的来去却是没商量的。当有计划的墓地修建赶上没计划的意外死亡，便有可能出现画了一半的壁画，刷了一半的墙皮以及临时加固的瓦片。

## 曲阳大墓主人身份猜想

事实上，曲阳县并不大，面积大概只有房山区的一半，身份显赫又死得仓促的人为数不多，从古墓的规模上看或许可以是当地最高军政长官。那么当时曲阳的封疆大吏是谁？他会不会是墓主人呢？

公元879年，唐王朝还有最后一口气，陕西人王处直因为平定了农民兄弟黄巢的起义而被任命为义武军节度使，掌控今天的河北定州一代的军政大权，成了唐末北方的割据势力之一。曲阳与唐宋时期定州的关系用一个我们熟悉的实例可以说明，这就是宋代五大名窑之一的定窑。定窑位于今天曲阳涧磁燕山村，但因为在唐宋时期曲阳属于定州管辖，所以叫定窑。记住定窑的位置，也就记住了曲阳隶属于古定州这个事实。

当分羹和篡权必选其一的时候，皇帝显然更能容忍前者。但李唐王朝绝不会想到，分羹者一旦被篡权者拉拢，后果将会更加不堪设想。909年，后梁朱温封义武军节度使王处直为北平王，建立北平国。921年，王处直的养子王都发动兵变，囚禁养父，次年，王处直被王都杀死。

又是一个弑父夺权的惨剧，看来唐朝人需要多看点"和谐家庭伦理剧"或者多开几档"大型生活服务类"节目调解家庭纠纷。

话说到这儿，这座曲阳大墓的墓主人会不会是王处直呢？

早在1994年6月，曲阳县灵山镇西燕川村西坟山上的一座古墓被盗。在抢救性发掘的过程当中文物部门确定，这座古墓是唐末五代时期的古墓，墓主人正是王处直。这个答案毋庸置疑，因为墓里出土了墓志——"唐故易定祁等州节度观察处置等使检校太师兼中书令北平王太原郡王公府君墓志铭"。

然而我们不该因此放弃王处直这条线索，因为王处直死后，对他痛下毒手的养子王都还风光地活着，那么王都有没有可能是墓主人呢？

王都杀害王处直的原因跟权位有关，也关乎"站队"问题。王处直生活的时代是那个换皇帝比换衣服还要快的五代十国，后梁取代了唐朝，王处直被提拔成了北平王，没多久他却投奔了更有潜力的晋国。然而历史像一个诡异的多边形，不停地变换着轮廓。晋王的一个军事决策威胁到了王处直的定州安全。他便和亲儿子王郁商量引契丹人进定州来牵制晋军。这事儿被王处直的干儿子王都看在眼里，再想到干爹曾经许诺把王位传给亲儿子王郁。主观的不满，加上定州百姓反感契丹的客观情绪，外加身边几个鸡犬想要借机升天，王都终于发动了兵变，杀死了王处直，归顺了晋国，此时请您记住一个细节：王处直的亲儿子王郁并没有死，后边的故事里他将起到至关重要的作用。

话说王都归顺晋国之后，晋王李存勖意识到国家软实力的重要性，让自己的长子李继岌娶了王都的女儿，换句话说，王都和晋王李存勖成了儿女亲家。更让王都得意的是，此时的李存勖已经建立了后唐王朝，成了历史上的唐庄宗，王都自然也就成了国舅。然而正所谓一朝天子一朝臣，李存勖去世之后，晋国的新一代国家领导人看不惯王都的为人，没多久二人便反目成敌。

戏剧化的一幕这时候发生了，王都竟然求助王处直的亲儿子——王郁，向契丹寻求援助。从史料上看，王郁答应了这位杀父仇人的请求，却无意中加速了王都走向死亡的速度。定州城很快被后唐大军攻破，王都和家人在家里自焚而死。

话说到这儿，王都生前是个大收藏家，需要陪葬的文玩古董不计其数，联想到曲阳大墓里的多个耳室，再加上死于战乱、匆忙入葬的结局，诸多细节与曲阳大墓的巧合，使一些专家做出了大胆的猜测，王都是不是墓主人呢？一切答案都还没有定论，考古人员却又发现了一个谜团。

唐代的古墓似乎与金代有着不解之缘，房山长沟大墓里发现了金代大定通宝的钱币，而在曲阳的这座唐代大墓里，也发现了金代的物件儿，什么呢？两块砖，分别写着"大今皇统九年三月口日"、"重修保"12个字，虽然大今的今不是金朝的金，但皇统却是一个金代的年号，难道这座古墓在金朝被重修过吗？

专家推测出了三种可能，一是墓主人的后代或者守陵人的个人行为；二是当地村民可能把古墓露出地面的券门部分当成了庙门，糊里糊涂的就给修了；这第三种猜测则是金代入主中原之后，为了笼络民心而进行的修缮。这个民族倒是有此传统，一脉相承的清朝满族人入关之后也热衷于修前朝的墓，做本朝的秀。

故事讲到这儿，曲阳之行使我们对唐墓有了更具体的认识，进而对房山长沟大墓的原貌有了更丰富的想象。房山长沟大墓的金代钱币，会不会跟曲阳唐墓的金代砖石一样，是后人修墓留下的呢？随着墓主人身份的确定，这种可能性越来越大。

# 文武双全的墓中人

中编 / 文武双全的墓中人

## 探访琉璃阁

2013年4月17号，我们跟北京市文物研究所的技术室主任董育纲约好了见面，去看看房山大墓里出土的两件随葬品，因为这两件随葬品材质特殊，容易风化受损，所以一出土就被送到了文研所接受修复，很少有人见过他们的真实面貌。但是干了几十年考古修复的董育纲透露，这件随葬品的精美和完整程度，在同类文物中堪称顶尖，一席话勾起了我们的极大好奇。

在北京交通最拥堵的早上八点，我们把车从台里的停车场开上了马路停车场。习惯了弹性工作时间的电视人，往日里会刻意躲避开上下班高峰，但遇上特殊的采访，便要顺从受访者的时间了。

车在平安大街上缓慢地挪动着，身边的地铁站告诉我们，选择开车便要接受拥堵，很多看似时尚的习惯让人忽视了便利和时间成本。就交通而言，无论对于活人还是死人来说，地下的世界，或许更美好。

2012年底四条地铁新线正式开通运行，我们还特意做了两期节目，收视不俗，选题的缘起就是今天的地铁路网勾勒出了老北京的文化版图，沿线上的文物古迹不胜枚举，比如六号线途经南锣鼓巷和北海公园。但当我们建议观众坐着地铁游北京的时候，自己却常常忽略这种便利。

正想得出神，北海北门地铁站和我们的目的地——文研所同时出现在不远处。在北海北门地铁站东边一百多米的位置，路南有一座高大华丽的琉璃建筑，不少游客都会以为这就是北海北门。其实不然，真正的北海北门还得往东走几百米，而这座大门之内，是我们的目的地——北京市级单位唯一有考古发掘权的科学研究机构——北京市文物研究所，简称文研所。

其实北京文研所的办公地点跟北海公园的渊源不浅，这座高大华丽的琉璃建筑叫琉璃阁，是北海西天梵境的建筑之一，所谓西天梵境，原本是明代的刻经厂，在乾隆年间扩建成了喇嘛庙，取名叫西天梵境。西天梵境里有三座主体建筑：天王殿、大慈真如宝殿以及琉璃阁。琉璃阁上雕刻着一千多尊的琉璃佛像，但跟颐和园的佛香阁一样，由于历史原因，佛像的头脸都遭到了不同程度的毁坏。

琉璃阁院儿里，四周的厢房便是文研所的办公地点，丝毫不敢侵犯琉璃阁这座精美的建筑。董育纲的技术室就在小院的西侧一间二十几平米的小屋里。这个承担着北京绝大多数出土文物修复工作的技术室，简陋得出乎我们的意料。为了迎接我们的到访，董育纲前一天晚上打扫卫生到晚上九点，即便如此，角落里、桌面上的黄土仍然扎眼。桌子上一堆看不出形状的大土块，让我们对文物修复的敬意顿失大半。但是董主任的一番介绍却改变了我们的看法。桌上的大土块，是金代遗址出土的铠甲，仔细一看便能分辨出完整的头盔形状。这些并不是房山长沟大墓的出土文物，而是

北京市文研所文物保护室主任董育纲

来自北京另一处金代遗址,当年战败的金军丢盔弃甲,铠甲经过长期的锈蚀,和泥土、瓦片粘连在了一起,董育纲的首要工作,便是把他们剥离开来,再进行下一步的保护。

原本就让董育纲头疼不已的盔甲修复工作,却因为另外两件文物亟待保护而停滞,这些插队修复的文物就是房山古墓里出土的文官俑和武官俑。技术室里三张书桌拼起来的桌面,这哥儿俩占据着最大的面积最好的位置,向我们宣告着它们的优越地位。

那么它们二位究竟是什么身份呢?

## 大墓幸存的文武官俑

古墓、石雕、文武大臣，这些元素结合在一起咱们并不陌生，皇陵里一人多高的叫石像生。古人视死如生，生不带来的东西，死了却要都带走。不仅是金银财宝，还有文武大臣。房山唐墓里的这二位虽然个头儿不大，但随身带着标志性的身份道具，就像明星为了让记者认出来，统一戴上大墨镜一样。文官的标志就是手里这物件儿，学名叫"笏"，执笏是文官上朝开会时候的标准动作，最早的笏上写着文官的发言提纲，后来慢慢变成了一种道具。

相比起文官俑，武官俑则有点不幸，没了脑袋，只有手里的宝剑还能让咱们辨别出他的身份职业。正当我们为此感到惋惜的时候，董育纲提醒我们看看脚下盒子。盖子一打开，即便里边的东西包裹在塑料袋里，我们仍然一眼就认出来，这是一个人头。虽然从大小上就能看出这是石雕的头颅，但我们的心里仍然萌生一种莫名的毛骨悚然。直到武官俑的头身结合再提起，这种惊恐才渐渐消失。

这次房山唐墓发掘工作的负责人程利告诉我们，这对文武石俑是在大墓的主室——棺床的周围发现的。发现文官俑的时候，它正以东西走向，脸朝下地趴伏在棺床南侧靠近长明灯座的位置。而武官俑则躺在棺床西侧靠南的位置上，头颅已经滚落到西边侧室的门头。从整齐的端口上看，这是一次性造成的硬伤。

由此我们联想到曲阳的唐代古墓，连墓室里装饰用的莲花石雕都被

房山长沟大墓出土的武官石俑　　　　　房山长沟大墓出土的文官石俑

盗墓者敲碎偷走，而房山这座唐墓里如此精致的石俑却幸存下来，这盗墓贼的境界怎么差别这么大呢？有人猜测，曲阳自古就是历史悠久的雕刻之乡，盗墓者和周边的市场都对石雕有一定的认知，而房山区虽然也有石雕之乡大石窝，但距离古墓发掘的地点尚有一段距离，而且石窝的历史远不及曲阳久远，所以这对文武石俑很可能是做为不值钱的陪葬品被盗墓者丢下的。

然而源自记者的职业本能促使我们提出了一个问题，如此珍贵稀有又容易风化的文物，就这么放在屋里，岂不是太过草率了吗？董育纲告诉我们，事实并非如此。

## 清理文武官俑

关上技术室的门，拉上窗帘，我们才发现这间看似普通的办公室是一个完全避光的环境，仅有的一盏台灯成了这间屋子里我们最熟悉的设施。房山长沟大墓直播在即，墓室里一切灯光必须使用冷光源，避免热量给文物带来伤害。文研所的技术人员修复文物的工作比我们拍摄文物要细致得多，对光线的要求更高。在为了保护出土文物而完全避光的技术室里，冷光源成了必需品。

除了台灯，桌面上的工具，远没有我们想象中的高科技。几根水粉笔，让我们的记者想起了儿时的美术课，一根弯头的不锈钢针，再就是写满了甲乙丙丁的瓶瓶罐罐。

这边我们和董育纲了解着这对石俑的修复方案，那边的记者眼看着实在找不出什么新鲜的看点，便在最不起眼的东西上发现了寻找话题：桌子上的土，为什么都是红色的？董育纲顺口回答了一句：那是铁器上的铁锈的颜色。

这些红色的土，是从金代铠甲上剥离下来的。此时我们联想到一个细节，制作《房山古墓开启之谜》那期节目的时候，主持人串场是在墓室里录制的，播出之后不少同行都反应色温出了问题，画面整体偏红。但摄像一副委屈找不出原因。直到再次进到墓室，我们才发现整座古墓的土壤都是偏红的，这显然跟铁锈没有什么关系。考古人员习以为常，但说不出具体的原因。我们的记者回家问了问"百度大神"，发现了一篇博客，博主

中编 / 文武双全的墓中人

是个探墓爱好者，在一座古村落里发现一种习俗，选择红色的土壤建墓，据说这样的土壤粘性大，但相对贫瘠不适合种庄稼，降低了古墓被破坏的可能性。

当然，这只是一种坊间八卦，但古墓带给人们的神秘感，恰恰源自这些未解的谜团。又或许很多谜团早就有了答案，乐趣就在于你我之间的互通有无。

此时再看房山石俑身上的泥土，便是常见的发黄发灰，不再发红，谁都说不清其中的原因。对于董育纲来说，泥土的颜色并不重要，重要的是怎么安然无恙地把他们从古墓里拿出来。

或许有人会问了，他们散落在棺床周围，有什么发掘的难度呢？

您还记得慈禧太后的陵寝被盗之后，出现尸变的故事吗？原本鲜活的慈禧尸体，在孙殿英部队盗墓的时候突然风化成了一具干尸。其实这种现象并不奇怪。古代帝王的墓葬密封工作做得非常好，尸体栩栩如生并不是什么新鲜事，别说干尸了，湿尸也不足为奇，但我们能亲眼见到的却是凤

房山长沟大墓红色土层

房山长沟大墓红色土层

毛麟角。因为越是密封好的墓室,一旦暴露在空气中,尸体和陪葬品越容易瞬间风化消失。房山长沟大墓墓室的档次毋庸置疑,因此陪葬品的娇气程度,也成了考古人员们担心的事儿。尤其是石头,冷热干湿一交替,就可能出现崩裂之类的损坏。

那么您知道这对石俑当初是怎么从古墓运送到文研所的吗?

最简单的方法往往是最有效的,这哥儿俩刚出土的时候,先用塑料薄膜层层包裹好,为的是尽量让他们少跟空气接触,这叫"不破坏它们在墓葬里原有的小环境"。石俑小心翼翼运送到文研所之后,在塑料薄膜上打开一个小孔。这又是干什么呢?

原来千百年以来,古墓里经历了一次又一次的大小水患,石俑里积累了一定的水分。如果突然暴露在干燥的空气里,水分瞬间蒸发,石头势必会崩裂。所以只能在塑料薄膜上打开一个小孔,让水分慢慢挥发,直到完全干燥。这对石俑才能如此健健康康地站在咱们面前。

身体健康问题解决了,接下来的问题就是个人卫生问题了,您看这二位虽然穿得挺讲究,但浑身上下都是泥,给他们"洗澡"就是董育纲接下来的工作重点了。如果在以往,泥土粘在石头上并不是什么难事,用水冲洗,用硬物剥离即可,但董育纲却告诉我们,这对石俑身上有一种特殊的东西,加大了修复工作的难度。我们顺着他所指的位置一看,红扑扑的脸

130

蛋，乌黑的眼球，朱红的嘴唇，这位文官俑竟然是彩绘的。

而另一尊武官俑则是一副乌黑浓密、线条分明的胡须，一双上挑的桃花眼，身披战袍，手执宝剑，颇有点美髯公的味道。

然而正是这哥儿俩的好色，难坏了董育纲。

彩画修复是董育纲的专长，但是他告诉我们，一般古墓墓室里的彩绘，都是用含胶的颜料画上去的，清理泥土的时候比较容易把泥土和颜料分离开来。但这对石俑身上的颜料经过检测之后发现其中不含胶质，比较直观的区别就是泥土剥落的同时，彩绘也会被带下来。那么究竟该怎么办呢？

只见董育纲把两种液体勾兑在一起，用水粉笔小面积地涂在了石俑的身上，然后用我们之前看到的弯头钢针，轻轻地把湿润的泥土剥落下来。令我们好奇的是，那两种液体到底是什么？用水把泥土浸湿，不是能达到同样的效果吗？

房山长沟大墓出土的武官俑头部　　房山长沟大墓出土的文官俑头部

董育纲告诉我们，刚刚勾兑的是丙酮和乙醇，对于出土文物来说，这种混合液体和水有着显著的区别。用水浸湿泥土，类似于我们现在所说的"洗"，简单的水洗不仅会洗掉彩画，而且会使石俑身上出现泥汤流淌的现象。但丙酮和乙醇的混合溶液看似是将泥土"洗下来"，其实是在浸湿泥土的同时保持它的原分子结构，只是变成一个个湿润柔软的泥土粒子，被剥落的时候便不会拖泥带水了。

　　我们的记者一再追问，这对石俑修复完成之后会是什么样子。董育纲很保守地说，武官俑的头颅会被复原回去。谁知这一句半开玩笑的答案却引来了追问：为什么不现在立刻复原，再做清理。原本以为答案会跟修复工作本身有关，没想到董育纲却很认真地说：在考古工作完成之前，一切考古信息都要完整保存，不能破坏出土时候的现状。所以武官俑的尸首，还要持续一段两地分居的日子。

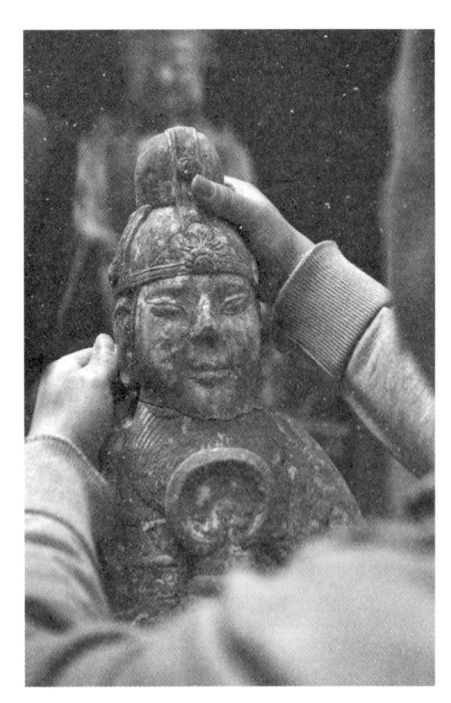

董育纲清理武官石俑　　　　　　　　董育纲清理武官石俑

棺床的猜想

2013年5月7日，房山长沟大墓考古发掘的负责人程利打来电话问："明天要把主室里的石构件吊到墓室上沿，你们拍不拍？"有了十三年前老山汉墓的合作，程利对纪录片的拍摄规律非常熟捻，时常提醒我们拍摄关键的考古环节。第二天一大早，我们的摄像机出现在了房山长沟大墓的考古现场。

在6月22日的电视直播画面里，主室里只剩下一座棺床和一盏断裂的长明灯，鲜为人知的是，这并不是主室在第一时间被发现的原貌。早在一个半月之前，一些碎裂的石构件已经在在此之前被移到了墓室的上部西侧。目的并不是为了营造一个整洁的直播现场，而是有更多的秘密，藏在这些破碎的石椁背后。

## 破碎的身份象征

考古队员第一时间发现主室的时候，眼前的景象可谓是一片狼藉。除了巨大的棺床坚守着自己的岗位之外，几块石板散落在棺床周围。从石板上微微的弧度不难看出来，它们的本来面貌，是安放墓主人身体的石椁。

咱们常说"棺椁"二字，事实上"棺"和"椁"是两种葬具，相当于里外两层，椁在外，棺在里。老百姓常说：攒棺材本儿。意思是至少给自

房山长沟大墓最初发掘现场（摄于2012年9月）

己留下一笔养老的钱。却从没有听谁说过：攒棺椁本儿。这究竟是为什么呢？

事实上，内棺外椁，相当于棺床上的一套床上用品。然而古人事死如事生，有钱人千方百计带走世间的荣华，而穷人必须面对的是生前死后同样的落魄，死不起的大有人在。因此古代普通百姓的墓葬有棺无椁，只有富人才会棺椁俱全。

在房山长沟大墓的东南角，考古队员们还发现了一大片明清时期的家族墓群。靠北的墓穴相对宽敞，两米见方的墓穴虽然算不上豪华，但还保留着完整的砖石券门。考古人员告诉我们，这里边出土了明朝洪武年间的钱币。越往南，墓穴越小越简陋，没了砖石结构，甚至两三个人葬在同一个墓穴里。可以想见，这个家族虽然日渐衰败，但早在明朝却也是个富户大族。同时我们发现，不少墓穴的尸骨完好无损，却没有找到石椁的痕

中编 / 棺床的猜想

明清家族墓（发掘于房山长沟大墓东南方向）

明清家族墓（发掘于房山长沟大墓东南方向）

迹。从整个家族的规模上看，草席裹尸匆忙下葬的可能性不大，很可能是木棺已经风化腐烂，但石椁却是任何一代人都没有能力享受的。

那么石椁的门槛儿有多高呢？

2010年，唐玄宗李隆基的宠妃——武惠妃的石椁在被偷运到美国六年之后终于破获。这座重达27吨的石椁如今收藏在陕西省博物馆里，被定为一级文物。2002年，房山金陵发现两具龙凤石椁，最终确定为完颜阿骨打的夫妻合葬墓。由此可见，帝王后妃是石椁的主要消费群体。然而自古至今总有那么一些人，通过违背规则而证明自己的与众不同，"去死"这件事也不例外。

比如《礼记》里记载：宋国掌管军事的司马桓魋为自己准备了超越等级的石椁，三年还没完工，孔子知道以后说："如果如此奢靡，不如死了让尸体赶紧腐烂了算了。"尽管考古人员在徐州市铜山区洞山村发现了司马桓魋的墓葬，只有石室没有石椁。

这个故事不仅告诉我们，违规使用石椁的大有人在，同时也透露出石椁的一个主要功能——防腐。

古人在死后的床上用品——棺椁上下足了功夫。秦始皇陵的九大谜团之一就与棺椁有关。司马迁欲说还休地留下一句：下铜而致椁。暗示秦始皇的棺材是铜的。《汉书》里却记载着另一个细节：漆涂其外。于是有人认为，如果是铜棺则没有无法涂漆，只有木棺才有可能"漆涂其外"。但《汉书》还记载了一个细节：饰以翡翠。这很容易让我们联想到燕京八绝之一的花丝镶嵌，金属无疑是镶嵌宝石的最佳材料。那么秦始皇的棺椁究竟是铜的还是木头的，一时难有定论。

除了在材质上下功夫，古人在棺椁的层数上也无所不用其极。北京大葆台汉墓的黄肠题凑让我们见识到了西汉最高等级的殡葬方式，一万五千多根柏木心齐刷刷地朝里码放，形成了一个巨大的椁室。而湖南长沙象鼻嘴一号墓则有两重木椁、三重套棺，外椁四周还有908根柏木垒成的黄肠题凑。

而《庄子》则为我们形象地描述了战国时期的棺椁等级："古之丧礼，贵贱有仪，上下有等。天子棺椁七重"，而《礼记》里又说天子的棺材是四层。做一个简单的减法就可以知道，战国时期天子的是四层棺，三层椁，一共七层。以此类推，位居天子之下的诸侯是三层棺两层椁。然而无论是材质的追求还是层数的讲究，墓主人的共同目的都是为了保护自己的肉身安全。但事实却事与愿违。墓葬外化的豪华奢侈，为盗墓者锁定了目标。

## 被推下床的墓主人

6月22日直播现场陪葬品展示区，10:50:00

几块散落的尸骨虽然算不上是文物，却因为可能与墓主人有最直接的关系而最受关注。但是最初发现他们的程利却无法确定这些散碎尸骨的身份，因为他们被发现的时候已经七零八落，棺床上空空如也。究竟是谁把墓主人推下了床，这些尸骨，又是不是墓主人呢？

其实这样的现象咱们并不陌生。清朝的乾隆皇帝尽管自称"十全老人"，但却没能把这个"十全十美"的

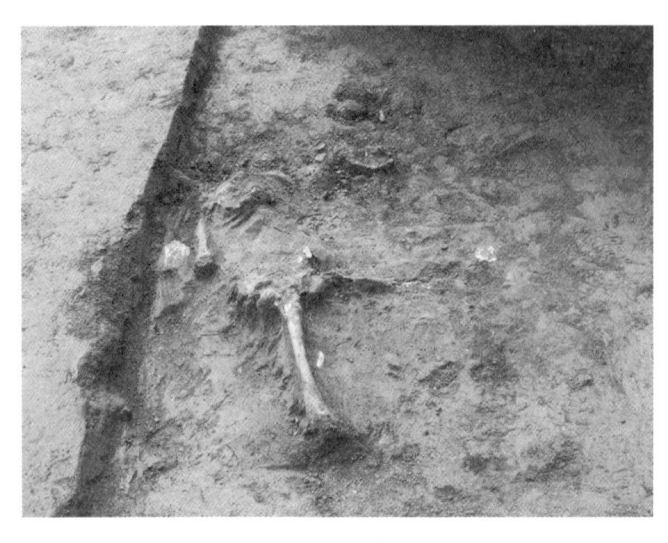

房山长沟大墓出土尸骨

美梦带到另一个世界。1928年孙殿英炮轰乾隆裕陵疯狂盗墓之后，乾隆皇帝和四位陪葬嫔妃的尸骨四处散落，最终只拼凑起了一个完整的人型，夫妻五人骨肉相连地回到了乾隆皇帝的棺椁里。倒是嘉靖皇帝的生母——孝仪皇后因为尸身不腐、保存完整而落了单。

然而乾隆皇帝尸骨散落的罪魁祸首不仅仅是孙殿英的盗墓部队，1928年裕陵被盗之后，清朝遗老们发现地宫里积蓄了深达两米的积水，乾隆皇帝的尸骨随水漂浮导致四处零落，也是一种可能。

地宫积水是古墓当中常见的现象，也是历代王侯将相能够预见的隐患。北京门头沟区西峰寺安葬着恭亲王奕䜣的第二个儿子载滢，这里一直

门头沟西峰寺　载滢地宫

门头沟西峰寺　载滢地宫里的积水

流传着一个悬棺的传说。《这里是北京》的编导曾经在秋冬时节进入地宫,虽然已经过了雨季,但地宫里的积水仍然能没过膝盖。地宫深处却没有看到任何悬棺的痕迹,远处的棺床空空如也,而当地文物部门的工作人员告诉我们,地宫顶上疑似悬棺的痕迹其实是早前留下的盗洞。

正所谓空穴不会来风,正是地宫积水的隐患催生了悬棺传说。那么房山长沟大墓的尸骨,会不会也是因为积水而散落四处呢?考古人员在发掘过程中没有发现积水的痕迹,但是"空床"的现象,却伴随着另一种猜想。

6月22日直播现场发掘区10:30:00:棺床下的金井

棺床填土的清理工作是直播当天的四大焦点之一。这片位于棺床中央的填土长两米左右,宽一米左右,与棺木一样呈现出一头宽一头窄的不规则长方形。人们对它的期待,源自一种叫做金井的古墓机关。

位于河北遵化普陀峪的慈禧陵与乾隆皇帝的裕陵一样,曾经遭到孙殿英部队的洗劫。那些旷世奇珍只留在了太监李莲英的日记《爱月轩笔记》

房山长沟大墓出土棺床

里，其中提到了一个细节：金井。据史料记载，慈禧当上太后的第五年就开始修建自己的陵寝，前后多次把心爱的珠宝放进地宫的金井里。那么这个金井究竟在哪儿呢？

事实上古墓金井并不是慈禧陵的特殊结构，自古就有把棺床安葬在金井上的做法，叫做金井御葬。那么金井到底是干什么用的呢？棺床之下藏着贵重的陪葬品吗？事实上，关于金井的作用说法颇多。

从精神层面看，古人认为金井与风水有关，能够沟通阴阳之气。又有传说金井连接东海，皇帝身为真龙天子，死后通过金井回归东海。而从实用价值上看，有人认为地下的寒气能够通过金井涌出，棺床安放在上边能起到尸首防腐的作用。

除此之外，金井还有一个更为科学的角色猜测，那就是"勘探用的钻孔"。古人选择墓地不仅要看风水还要检测地质。比如雍正皇帝曾经打算追随先皇入葬河北遵化的清东陵。但在对河北遵化九凤朝阳山进行勘测的时候发现这地方"规模虽大但形局未全，穴中之土又带有砂石"，意味着未来地宫有漏水的风险。如此一来，才有了另择新址修建清西陵的想法。可见地质条件对于古墓的重要性。因此用来勘测土质和位置的金井，自然成了一座古墓里最优质的位置，把棺椁压在金井之上，或许也是为了把最好的位置留给墓主人自己。

综合以上几种说法可以得知，金井是一座古墓的核心，从深度上能判断地质，从位置上能判断风水。而墓主人把最贵重的陪葬品放在金井里，除了有辟邪、息壤等心理暗示之外，或许也把这个压在棺椁之下的位置当成了最安全的藏宝场所。

然而鲜为人知的是，棺床中间出现的空洞并不一定都是金井。早在2010年12月，南京发现了一座南唐古墓，初步推断墓主人是南唐皇后——大周后，而他的丈夫就是那个写出"春花秋月何时了，往事知多少"的南唐后主李煜。考古人员在这座古墓的棺床中间发现了一个长方形的小坑，泄露了一个始于商周、消失于秦汉、复兴于唐宋的丧葬风俗。

房山长沟大墓棺床"腰坑"清理前

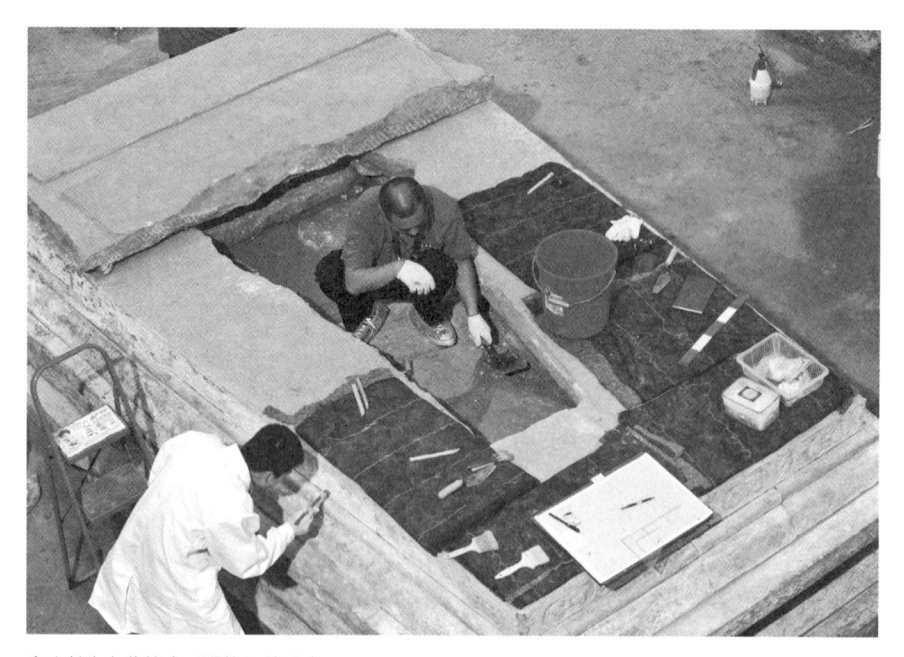

房山长沟大墓棺床"腰坑"清理中

中编 / 棺床的猜想

棺床"腰坑"清理后

棺床"腰坑"清理后

145

这样的小坑因为多见于棺床的中下部，大概对应着墓主人腰部的位置，所以俗称为"腰坑"。一篇名为《唐代腰坑"浅议"》的文章悉数了不少唐末五代时期腰坑出土的情况，比如南京南郊杨吴宣懿皇后墓、扬州邗江蔡庄杨吴寻阳公主墓、杭州三台山吴越墓等等。这些墓主人大都是皇室成员或者高官显贵。那么腰坑里是否会出土陪葬品呢？

事实上，这些唐末五代的棺床腰坑里要么空空如也，要么藏着跪拜俑、镇墓兽之类的象征性物品，并没有夺人眼球的金银珠宝。由此推测，腰坑并不是专门用来储藏陪葬品的空间，那么它的本职功能是什么呢？

著名考古学家宿白先生在《白沙宋墓》里指出，"腰坑"反映了当时的风水堪舆思想，是地理家所谓"穴"之所在；《唐宋丧期考——兼论风水术对唐宋丧葬习俗的影响》中则指出，这一时期的腰坑应是吸收大自然之灵气的通道，叫做"生气坑"。而《唐五代墓葬中的腰坑略论》中则指出，腰坑是修葺墓室之前的奠基坑。

房山长沟大墓这座古墓诞生于唐代——腰坑葬俗复兴的年代，那么棺床填土究竟是不是腰坑呢？由于考古工作还没有完成，因此一时间暂无定论，但它的存在却引发了一段关于"空床"现象的原因猜测。

2013年5月8日一大早，大墓里就开始响起了哗啦哗啦的锁链摩擦声，原本就狭窄的大墓主室被脚手架占据得满满当当，散落在棺床周围的石椁碎片一块块被吊起，转移到大墓上沿。

从石椁碎片的吊装难度中我们不难看出，沉重巨大的石椁不可能因为地宫积水而漂浮。而且考古人员告诉我们，这座大墓被发现的时候，墓室里填满了坍塌下来的熟土，没有积水的痕迹。更何况积水无法导致石椁碎裂。考古队长刘乃涛因此推测，墓主人连同木棺石椁是被盗墓者从棺床上推下去的。或许职业素养颇高的盗墓贼深知"腰坑"、"金井"的存在，因此企图从中盗取贵重的陪葬品。但是当考古人员发现棺床的时候，中间的填土从表面上看完好如初，难道盗墓者推翻棺椁之后放弃了寻找吗？这种功亏一篑的现象背后又藏着什么隐秘呢？

工作人员在房山长沟大墓起吊石椁构件

考古人员为我们还原了一个细节，棺床刚被发现的时候，填土部分残留着白色粉末。由此猜测，很可能棺床填土上曾经有一层与棺床石料同颜色的封层，掩盖住了填土的痕迹。盗墓者没有发现任何洞穴，便放弃了盗掘。而另外一种可能则是棺床填土曾经遭到洗劫，但墓室在被盗后发生坍塌，泥土再次填平了这个洞穴。

然而无论是腰坑还是金井，亦或是另有他用。棺床的悬疑之处不止如此，当人们对棺床填土的清理进展拭目以待的时候，刘乃涛为我们指出了一个新的疑点。

中编 / 棺床的猜想

## 祸起萧墙的迹象

**6月22日直播现场发掘区10:15：令人费解的金刚纹饰**

在考古队长刘乃涛的指引下，大墓主室里棺床的种种细节呈现在了电视屏幕上。这座棺床的豪华程度非常直观，高达六层，其中两层雕刻着非常精美的图案，而另外四层保留住了原来的彩绘图案以及勾边的墨线。且每层都雕刻着精美的图案，北京石刻博物馆的研究员吴梦麟在接受媒体采访时表示：这样的棺床等级超越了后世的帝王。我们也发现明朝十三陵定陵地宫里的万历皇帝棺床，不过区区两层而已，精美程度也望尘莫及。然而仔细观察我们却发现了其中的蹊跷。

首先，这座棺床并不是一块完整的石料，而是由六层石板层层相叠累积而成。不仅如此，棺床的每层石板也不是完整的一块，而是由数块石板

房山长沟大墓出土棺床（局部）

拼接而成。

除此之外另一个细节更加蹊跷。

6月22日直播刚结束，刘乃涛抱着一摞鼠标垫分发给在场的记者。东西不贵重但却足够独特，因为上边的图案是一张面露獠牙、似笑非笑的金刚脸。这是棺床上雕刻的纹饰之一，类似的面孔围绕着棺床雕刻了一周，仔细观察便会发现，每张面孔的表情都不一样，而且有些像人，有些像鬼，喜怒哀乐藏在细微之间。

在中国古代的传说里，金刚是守护四极的天神。相传女娲补天为了不让四极折断，派了四名大力士守卫，人称"四大金刚"，个个凶神恶煞，

房山长沟大墓棺床金刚纹饰

中编 / 棺床的猜想

房山长沟大墓棺床金刚纹饰

河北曲阳田庄唐墓棺床"人面造型"

河北曲阳田庄唐墓棺床"人面造型"

河北曲阳田庄唐墓棺床"人面造型"

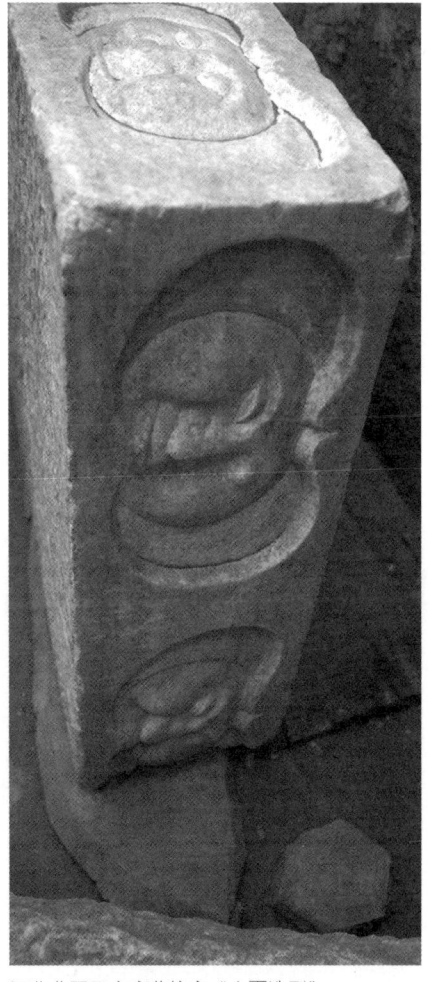

河北曲阳田庄唐墓棺床"人面造型"

力大无穷。同时金刚也被视为佛教的护法神。多种认知交杂在一起，使我们今天能够看到一些传统建筑的四角装饰着托举姿态的金刚雕像。比如曲阳大墓的棺床四角便雕有金刚托举的形象。

但房山大墓的棺床上并没有全身的金刚雕塑，只有一圈面部表情迥异的鬼脸，媒体称之为"金刚脸"。

这样的鬼斧神工令我们对墓主人的身份地位之高确信无疑，但有一个细节不容忽视，那就是棺床上的雕刻并不都是善始善终的完美作品，有些图案只有类似于草稿一样的线条，很显然是没有完工的痕迹。刘乃涛向我们道出了他的猜测：这座棺床很可能是先被抬进墓室，而后才进行的雕刻，最终因为时间紧任务急而虎头蛇尾没能善终。

多达六层的棺床却是拼凑而成，繁复精美的雕刻却留下半成品，令我们不禁对墓主人下葬的瞬间充满了猜测和遐想。

### 6月22日09:45：墓主人身份确定的激动时刻

随着墓主人墓志盖的缓缓开启，"刘济"两个字袒露在了世人面前。

尽管这座大墓早在数月之前就被推测为"幽州卢龙节度使刘济墓"。但事实上所有的猜测都源自对裸露出来的部分志文的史料检索。至于墓主人的确切身份，除了墓志盖上"刘公"这个有姓无名的信息之外并没有其他佐证，"刘济"的全名被死死地压在志盖之下。

就是在这样没有十足把握的前提下，编导们准备了大量的刘济资料，犹如豪赌一般作为此次直播的重磅话题。正是在这个过程中，这座大墓显露出越来越多的可疑之处，与一千多年前刘济的传奇命运遥遥相应，仿佛那个死于非命的幽州卢龙节度使期待着我们通过这次大墓考古，为他还原一个被害的真相。

这是一个世代为官的名门望族，从父亲刘怦手里接过了幽州卢龙节度使的大权，成了唐末最听命于中央的大军阀。刘济妥善处理了"执掌一方"与"效忠朝廷"之间的关系，却没能抹平父子兄弟之间的嫌隙。在一

中编 / 棺床的猜想

刘济墓志盖

刘济墓志盖纹饰

次奉召征讨途中，患病的刘济被次子刘总毒害致死。刘总继而假借父亲名义，杀死兄长刘绲，成为了新一任的幽州卢龙节度使。

概括刘济生前死后的境况，仅用十个字足矣：生的有计划，死的很突然。

毕竟那一年刘济才53岁，还能统帅千军万马征战沙场。而另一边，刘总怀揣着杀害父兄的忐忑终日不安，他迫不及待地想要将自己的罪行连同父亲的尸体一起埋入地下。但毕竟家族的威望还在，母亲还在，幽州卢龙节度使世家的荣耀还在，如果寒酸入葬，刘总等于给自己下了一道认罪书。等级的要求和时间的紧迫让刘总进退两难，当时的纠结全然显露在了今天的考古现场，拼凑的棺床、未完的石刻都毫不留情地揭露了当年的仓促与急躁。而刘总也将在日后不停地弥补这块并不完美的"遮羞布"。

而前文说到，房山长沟大墓中发现了金代"大定通宝"，但唐代大墓中发现金代物件并不足为奇，曲阳唐墓里也发现了金代的砖。而据《金史·刘颇传》记载，金章宗修建南苑的时候，发现有一块石碑上写着：贞元十年御史大夫刘怦葬。这意味着唐代幽州节度使刘怦的墓地被圈在了宫墙里，于是他给刘颇三百贯钱，让刘颇把刘怦的墓迁到城外。虽然我们不知道刘怦的墓被迁到了哪儿，但可以确定的是刘家的后代刘颇在金代的时候还是个达官显贵，因此刘济墓在金代受到祭拜或者重修的可能性非常大，留下几枚金代的钱币也就不足为奇了。

## 双人房单人床

从发现的两块墓志上看，房山长沟大墓是一座夫妻合葬墓。然而考古人员在主室里只发现了一个头盖骨，虽然无法确定它是否属于墓主人刘济，但可以初步判断他是男性。那么刘济夫人的尸骨究竟去哪儿了呢？主室里的棺床究竟是双人床还是单人床呢？

我们找到了另外一座棺床的尺寸数据，它的主人正是深得唐玄宗信任，曾为诗人李白脱靴的中国著名宦官——高力士。

高力士墓位于陕西省蒲城县宝山乡山西村，陪伴在唐玄宗泰陵的附近。由于众所周知的原因，高力士的棺床无疑是一张单人床，长4.2米，宽2.2米，高0.42米，或许由此我们可以大概估测出唐代单人棺床的尺寸。相比之下，北京房山长沟刘济墓的棺床有多大呢？

测量这座棺床的尺寸必须加几个前提，首先这是一座须弥座形制且高达六层的棺床，每层面积都不一样，而且棺床并不是规矩的长方形，而是根据棺椁一头大一头小的形状呈梯形。如果按照安放棺椁的最上层石板面积计算，得到的数据是南北长3.63米，东西宽1.75米—2.4米。跟高力士宽2.2米的棺床比起来，房山刘济墓的棺床也应该是一张单人床。那么另外一盒墓志的主人"唐故蓟国太夫人赠燕国太夫人清河张夫人"安葬在了哪里呢？难道两人同眠于一个棺椁之中吗？

资料显示，中国古代的夫妻合葬墓早在殷商时期就已经出现了，从西汉以后开始普及。早期的夫妻合葬墓大都采取并穴合葬的方式，也就是夫

刘济夫人墓志盖

妻俩既不同房也不同床，两个墓穴之间有一定的间隔。到了西汉时期，统治阶层仍然延续着这种"距离产生美"的并穴合葬方式。比如汉高祖长陵的东侧是吕后陵，开创了"文景之治"的汉景帝阳陵东侧是王皇后陵。而埋葬着中山靖王刘胜的满城汉墓，夫妻二人的地下卧室相隔100米。如今北京市丰台区大葆台的西汉燕王（广阳王），夫妻墓室也相隔二十多米，很显然在西汉的上层社会中流行分居。但是西汉后期至东汉，民间百姓已经流行起了"同穴合葬墓"。

那么历经三国两晋南北朝，到了唐朝的夫妻们死后是怎么分配房间的呢？白居易曾经用自己最擅长的方式向妻子表达衷心，作诗道："生为同室亲，死为同穴尘。""义重莫如妻，誓将死同穴"，由此可见，唐朝的夫妻死后普遍采取同居的方式。

刘济夫人墓志盖

　　话说到这儿，死后同居的夫妻二人，究竟是同床还是分床呢？让我们把时钟播回到春秋时期，河南安阳曾经发现一座春秋合葬墓，一个木椁之内安放着两具棺材，虽然考古报告中没有确定尸体的性别，但专家推测这是一座夫妻合葬墓。而早在2008年媒体报道南京发现一座南朝贵族墓，硕大的棺床几乎占据了整个主室，疑似夫妻合葬棺床。由此可见，早在唐朝之前就出现了同房又同床的合葬方式。因此从房山刘济墓棺床的尺寸，以及考古现场只发现了一座石椁的碎片的事实上看，刘济夫妻二人很可能合葬在同一座石椁里。

　　然而奇怪的是，现场并没有发现女性的尸骨，关于夫妻合葬这件事，刘济墓会不会有另外一种可能呢？

　　《后汉书》里记载这一个特殊的合葬故事，东汉初年光武帝刘秀的姐姐刘元连同三个孩子死于战乱，尸首无存。刘秀的姐夫邓晨去世之后，宫中举行招魂仪式,意思是让公主的灵魂与邓晨的遗体进行合葬。

由此我们不禁想到,房山长沟的刘济夫妻合葬墓之所以找不到女性尸骨,会不会是一种特殊的安葬方式?刘总在毒死父亲之后,又与母亲之间发生了什么?刘济夫人的尸骨会不会根本就没有下葬,这座大墓会不会只是象征性的夫妻合葬?随着考古工作的深入,疑惑越来越多,真相越来越近。

# 关于墓志铭

## 位置：谁把表扬信带进墓室

墓志上的文字成为古墓里确定墓主人身份的最可靠证据，但是我们不该忽略一个问题：古人把金银财宝、壁画陶俑带进墓葬，是为了到另外一个世界继续享受荣华富贵、歌舞升平。而像墓志铭这样以歌功颂德为指导思想的盖棺定论，本该是说给活人听、写给活人看的，为什么要深埋在墓葬里呢？究竟是谁，第一个把表扬信带进了墓葬呢？

### 版本一：青铜器铭文

"铭文"，最早指的是青铜器上的文字，所以是"金"字旁。早在1974年，北京房山区琉璃河251号墓里出土了一件铸有大大小小七个牛头的青铜尊，准确的名字叫做"鬲"，而通过铭文可以得知墓主人名叫"伯矩"，因此这件青铜器最终被命名为伯矩鬲。伯矩鬲出土十二年后的1986年，琉璃河M1193号墓出土了一只青铜酒壶——"盉"，铭文显示它的主人叫做"克"，因此

伯矩鬲

克盉

克盉盖内铭文

得名克盉。那么青铜器上的铭文是不是墓志铭的原型呢？

伯矩鬲上的文字内容是这样的："才（在）戊辰匽侯赐伯矩贝用作父乙宝尊彝"。大概意思是说："在戊辰时，燕侯赐贵族伯矩一笔钱，伯矩用这笔钱铸造了这件铜器，以此表示对其父的纪念。"而克盉上的铭文则记载了周王封克为燕侯这件事。由此不难看出，青铜器上的文字大都用来纪录器物本身的资金来源或者纪念由头，由于他们弥足珍贵、意义重大，所以被带进了墓葬。而不像墓志铭一样，是专门写给死者且有概括性的表扬信。

不仅如此，"铭"虽然原指青铜器上的文字，但是逐渐演变成了一种讲求韵律的文体叫做"铭文"。墓志铭，则是因为志文的后边赘有这样一段合辙押韵、歌功颂德的铭文，所以才叫墓志铭，而并不是从青铜器沿用下来的称呼。那么既然如此，墓志铭的原型到底是谁呢？

版本二：死刑犯档案

有一种说法认为墓志铭的原型最早出现在死刑犯的墓葬里，叫"刑徒砖"。1972年12月，秦始皇陵西边发现了一片埋葬死刑犯的墓群，考古人员发现这些古墓的墙砖上刻有文字，内容包括死者的姓名、年龄、籍贯、行刑时间等等，甚至包括尸体所在的位置，有专家推测这是为了方便家属日后辨认死者。跟墓志铭比起来，刑徒砖更像是死者的档案，没有任何感情色彩的文字，二者的载体也不一样。但至少这是目前发现最早的专门写在墓里的文字，除此之外，第三个版本向我们揭示了一段鲜为人知的历史。

**版本三：曹操的禁令**

2009年河南安阳发现的疑似曹操墓，既没有石碑也没有墓志。有专家揭露了一个史实：曹魏时期曾经颁布过禁碑令。这究竟是怎么回事呢？

话说东汉时期流行厚葬，给死者歌功颂德的石碑越立越大、越来越奢。而曹操生前留下遗嘱，要求自己的墓地：用山体做墓穴，不建陵不种树，不建房不修园，不铺神道。有人认为曹操这是厉行勤俭、文明殡葬。但是也有人认为这是曹操的先见之明。话说曹操当年征战沙场的时候，设置"摸金校尉"，专门负责通过盗墓来筹集经费。因此他深知树大招风、墓奢招贼的道理，所以一切从简。为曹操操办丧事的曹丕说得更直白：是国家，就有亡的那一天，是墓葬，就有被盗的那一天。

建安十年，曹操正式颁布禁碑令，大概意思是说："盲目地给死者谄媚，只能助长虚荣之心，而且浪费钱财，危害非常严重。"《宋书》客观明确地记录了这段历史："汉以后，天下送死奢靡，多作石室、石兽、碑铭等物。建安十年（205年），魏武帝以天下凋敝，下令不得厚葬，又禁立碑。"魏晋时期一直执行禁碑令，但禁的只是墓碑，如果您看到其他的魏晋碑刻，并不稀奇。

然而上有政策、下有对策，曹操禁得了墓碑，却禁不了歌功颂德的浮夸之风，更禁不了中国人盖棺定论的传统观念。死者不甘心默默无闻地死，生者的感情又没地方表达，于是人们只好把原来伫立在地面上的石碑埋进地下，这就是墓志最早的起源。1973年河南省南阳市出土的三国曹魏

许阿瞿画像石刻

时期许阿瞿画像石刻，不仅雕刻着精美的图案，还刻有墓主人的姓名、生日以及韵律优美的溢美之词，因此被认为是现今发现的最早墓志，魏晋时期也因此被认定是墓志的萌芽期。

除此之外，学术界还流传着多种对墓志起源的说法，林林总总共有七八种，此书并非理论文章，在此不必一一赘述。

中编 / 关于墓志铭

## 第二方案：起吊墓志的龙门架

  2012年6月15日，就在大墓直播前一周的时候，大墓直播的微信群里传来一张照片：一节近5米长的槽钢正在往房山长沟大墓里搬运。猜猜这是干什么用的？

猜猜这是干什么用的？

"房山长沟大墓发掘进行时"直播前准备工作

五棵松射击场太监墓异地迁建过程：盲吊

而现场的实际场景更为壮观，两辆吊车和两辆叉车用接力的方式挪动着沉重的槽钢。由于大棚的高度有限，其中一架吊车只能把槽钢送到门口，继而有两辆叉车相互配合，将它移到墓道的最北端，也就是与两方墓志相平行的位置。而在大棚的西侧，另一架吊车守候在外面，通过棚顶临时打开的窗洞伸进长臂，在只闻齐声不见其形的条件下进行钢架安装。北京古建工程成公司的项目负责人李博告诉我们，这叫盲吊。

类似的场景，我们曾经在2008年的时候见到过。当时备战奥运的五棵松射击场建设工地上发现了一座豪华的石结构古墓，相传是明朝末年陪同崇祯皇帝在景山上吊的那位忠诚的太监王承恩为自己准备的阴宅。但因为崇祯上吊等意外原因，墓室豪华却没有入葬的痕迹。为了不影响场馆的建设进度，同时使这座典型的明朝太监墓得到保护。文物部门最终制定的保护方案是：异地迁建。落脚地点就在今天石景山区的田义墓里。

田义是明朝的著名太监，也是行业内的楷模，因此很多同行追随他安葬在石景山翠微山脚下。然而几百年间，不少太监墓曾经被盗，只留下空空如也的墓穴，无意之中给五棵松射击场那座疑似王承恩墓提供了安身之地。

然而田义墓是国家级保护文物，不能开进吊车，只能把车停在隔壁小学的操场上，隔着院墙，在什么都看不见的情况下，完全靠指挥的声音对石构建进行拼装，这就是盲吊，难度之大可想而知。相比之下，房山长沟大墓进行盲吊的槽钢更沉，虽然本身比石构建皮实，不怕磕碰，但身下就是无价的墓志，一旦出现闪失，后果不堪设想。

探墓手记——镜头背后的北京唐墓传奇

"房山长沟大墓发掘进行时"直播前安装龙门架

"房山长沟大墓发掘进行时"直播前安装龙门架

"房山长沟大墓发掘进行时"直播前安装龙门架

"房山长沟大墓发掘进行时"直播前安装龙门架

"房山长沟大墓发掘进行时"直播前安装龙门架

龙门架安装好后

第二天，也就是直播当天一早，槽钢组建成的两座形似龙门的钢架，分别搭建在了两盒墓志的上方，横梁上挂着铁钩，滑轮上挂着铁链，古建公司的工人正在调试中控台，这座用来开启墓志盖的电动龙门吊，无疑为古墓增加了一大看点。

然而一直跟踪拍摄大墓发掘全过程的摄制组记者却透露了一个信息，早在5月7号，古墓主室散落的部分石头构建曾经被起吊到墓室上沿进行保护，当时使用的起吊设备并不是这种电动龙门架，而是手动的脚手架，为什么类似的工作内容，要采取两套不同的起吊方案呢？

北京市文物古建工程公司工程师李博在大墓发掘现场（左）

中编 / 关于墓志铭

起吊墓志盖

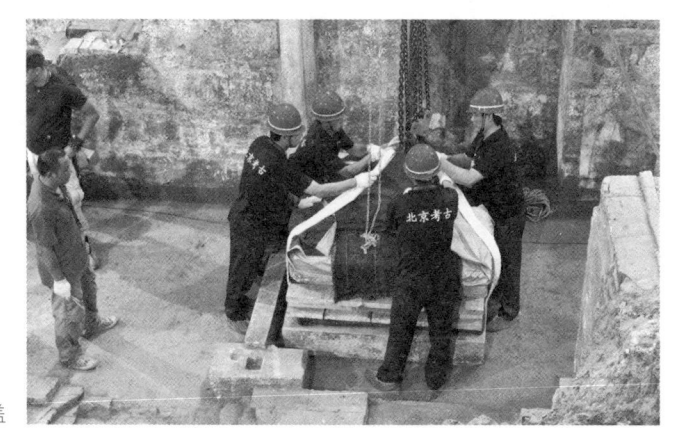

起吊墓志盖

起吊墓志盖

直播现场，记者孙杨就起吊设备的安全性和独特性对李博进行了现场采访。李博告诉我们：搭建脚手架需要足够的空间，相比起宽敞的主室，位于甬道位置的两块墓志间隔狭窄，空间局促，不适合搭建脚手架，所以专门为大墓设计了一座龙门架。同时我们得知，一盒墓志的重量大概在两吨左右，为了确保万无一失，采用了5吨承重力的吊车梁，10吨承重力的电动起重设备。

由于龙门架要横跨整座墓室，跨度长达5米，因此必须在现场组装。但是古墓里不能见火，所以无法采用往常的焊接方式，而是要用高强螺栓进行固定。

事实上，这次起吊墓志盖的方式，还藏着很多鲜为人知的细节。比如墓志盖上包裹着厚厚的黑色棉被，它的主要作用并不只是为了避免绳索直接捆绑在志盖上造成损伤，而是起吊过程中，铁链经历一个伸缩的过程，根据定位，铁链的延长部分只能放在志盖的正上方，而棉被最重要的作用是为了防止铁链摩擦志盖上的纹饰。

除此之外，细心的观众会发现两块墓志的志盖和志底都不是严丝合缝地扣在一起，而是插进了一个比墓志面积略大的木板。李博告诉我们，早在直播开始之前，起吊墓志的准备工作就已经开始了，其中就包括插板这个环节。为什么要插进木板呢？墓志既然已经开启了一个木板厚度的缝隙，为什么不直接开启，还要故弄玄虚呢？

事实上，墓志的开启工作是非常谨慎的，在此之前考古人员通过专业仪器——超声波无损伤探测仪，对两块墓志进行了伤痕扫描检测。结果发现墓主人的墓志石质疏松，除了最初发现的断裂的一角之外，西北侧暗藏着严重的内伤。如果贸然开启，很可能在半空中发生碎裂。因此必须通过瞬间起吊，将木板插进志盖与志底之间起到承托作用，犹如用盘子端蛋糕一样，确保万无一失。

也正是在这个扫描检测的过程中，我们发现另一盒夫人墓志的独特之处，不仅是个头大、颜色多这么简单。

## 猜测：墓主人墓志为什么被砸

直播当天，两块墓志已经被包裹得严严实实，但是在前期的报道中可以看到，墓主人的墓志盖东南角发生了严重的破损。这究竟是天长日久的风化所致，还是人为砸碎的呢？

这让我们不禁想起了《长沟古镇》这本书里记载的一段关于大墓被盗的往事。相传大墓曾经遭到过多次盗掘，近现代还有人曾经下到墓室里一探究竟。

但是坟庄村的老书记却为我们还原了另一个事实。

老书记生于1939年，在他的印象里，大墓在近现代一共遭到过四次破坏，第一次是听老人们说的，1938年日本人进了村，把大墓地面上的石构件都拉走建了炮楼子。第二次也是听说，房山国民党伪警备队司令孙宪江在房山区大石窝镇和长沟大桥东边都建起了炮楼，也从大墓的地面上拉走了不少石料。第三次老书记记得最清楚，当时是1954年，村里组织青年队挖过一次大墓，曾经挖出来20厘米长、40厘米宽的条纹砖，上边有细白灰。当时大田播种都是人工挑水，所以把这些砖用来砌井用了。如今看来，那些条纹砖很可能就是建造大墓用砖的一部分。老书记进一步回忆道，早年间的大墓周边跟现在的考古现场没什么区别，只是当时没有大坑，老人所说的坑，就是发掘出来的墓室。

正采访的功夫，坟庄村的现任书记给老书记提了个醒："听说当年曾经挖出过石船和九龙壁？"这个信息和《长沟古镇》上所记载的内容很类似，可见在民间流传甚广。老书记告诉我们：那是后来青年队挖出来的，可能是石门、石条，上边有龙纹。而且都是汉白玉的，石质都不错。大概1956年、1957年，当时北京文联来人叫老书记韩瑞，叫上两个社员，带上铁锹，把石雕都吊上卡车，还扔了两锹土，算一个工分，一个工分给了一块八毛钱。这一块八毛钱就算集体收入，那两锹土就记了工分了。

那么近现代的这四次对大墓的破坏，有没有可能危及到墓志呢？我们的记者根据多日来的听闻，引导老书记梳理着回忆：听说有小孩曾经下去过？

"那怎么可能呢？那是一个小山头，无论谁挖，都是从上面挖一个坑，没挖下去。"老书记斩钉截铁地回答。但同时他也向我们泄漏了一个信息："大墓周边有盗墓者打出来的探孔，直径四五十厘米，上边的土色比周边更加新鲜。"

这段回忆与考古队的考古结论不谋而合，大墓在古代遭受过多次盗掘，探孔很可能就是那时候留下的。综合以上的内容判断，墓主人的志盖是在古代被破坏的。那么究竟是人为破坏的，还是自然老化呢？

还记得前边说到墓志盖起吊之前的伤痕扫描吗？考古队员发现志盖西侧有连贯且严重的内伤，通过伤痕初步判断，志盖的破碎应该是受到人为外力的破坏，而不是自然老化导致的。那么究竟是谁对志盖墓志痛下狠手呢？

刘济墓志盖东南角破损

**嫌疑人一：杀人真凶**

如果墓主人最终被确定为刘济的话，那么给他下毒的二儿子刘总有没有可能是砸碎墓志的人呢？

从大墓的整体发掘情况上看，除了棺床的细节有仓促入葬的痕迹之外，并没有毁墓的迹象。而安放墓志是死者入葬之后、封门之前的最后一个环节。如果是为了泄愤，刘总没必要只对墓志下手，况且当时刘济的夫人、刘总的母亲还在世，刘总杀人之后本来就心神不宁，导致最终出家，他似乎没有必要做这种得不到实惠，又昭然若揭的破坏行为。

**嫌疑人之二：盗墓者**

有没有可能是盗墓者所为呢？如果盗墓者看上了墓志铭的经济价值，可以拉走了事。如果起重设备不给力，想要敲碎搬走，也不该半途而废，从墓主人的墓志的石材来看，敲碎并不是个难事。

如此一分析，两种嫌疑都被排除，那么盗墓是个时间紧任务急的事，盗墓者何必要费时费力地砸坏墓志呢？墓志里会不会有珍贵的随葬品呢？

程利告诉我们，古人确实有可能在墓志盖和底之间铺设随葬品，比如金代墓葬里就曾经发现墓志盖下四角垫有铜钱，但是这种随葬品都是象征性的东西，并没有太高的经济价值。盗墓者不会为此大动干戈。

与此同时，程利在直播过程中说出了他的大胆猜测：盗墓者最初看到墓志的时候，或许以为是个石函，猜测里边藏着什么大件、贵重的陪葬品，于是当时大概有两个人分别从西北侧和东南角开砸。东南角被砸碎之后，盗墓者发现这只是块实心的石块，另一个人也停了手，因此出现了东南角破碎，西侧有内伤的情况。

也正是因此，近在咫尺的夫人墓志只是西北角遭到了些许破坏，没有刘济墓志那么严重，看来是有了前车之鉴，盗墓者适可而止地打消了念头。

## 图案：墓志盖为何上演"动物世界"

从始至终，刘济墓围绕墓志展开的两大悬念，一是外观，二是文字。关于外观，焦点集中在刘济夫妻二人墓志的等级差异上。从表面上看，刘济墓志个头小，纹饰简单，而夫人墓志个头大，且文字描金、图案彩绘，一眼望去便高端大气上档次。而令人不解的是，刘济墓志的石材也只是普通的白石，远不及夫人墓志所用的汉白玉贵重。这究竟是为什么呢？

刘济墓志盖

刘济夫人墓志盖

其实，在北京出土的夫妻合葬墓里，出现女尊男卑的现象并非刘济墓这一例。80年代在北京市丰台区王佐乡发掘的乌古论家族墓，乌古论元忠的墓志，从大小和做工上都不如夫人的档次高。这究竟是为什么，类似的情形是否能给刘济墓做个参考答案呢？

如今这两方墓志都收藏在北京石刻博物馆里，在乌古论元忠妻子墓志的志盖上，我们并没有找到"夫人"之类的称呼，而是写着：大金故鲁国大长公主墓志铭。原来，乌古论家族是辅佐金朝完颜家族打天下的建国功臣，两家人三代联姻，元忠的妻子——鲁国大长公主就是金世宗和皇后的长女，名副其实的金枝玉叶。由此可见，妻子墓志的巨大豪华，取决于她的公主身份，而作为驸马的乌古论元忠，此时只能放弃丈夫的尊荣，以驸马的身份低调入葬。那么话说到这儿，刘济的夫人，会不会也是因为娘家的显赫，而导致了墓室里女尊男卑的现象呢？

在墓志铭没有公开之前，我们无法确定最终答案。但从掌握的现有事实来看，墓志出现女尊男卑现象的原因，已经有了一些线索。

首先，被儿子刘总毒害致死的刘济，下葬时间仓促，因此从墓志的选材到做工上，都不太讲究。而刘济夫人的身后事则处理得相对从容得多，墓志也随之相对豪华。其次，刘总在接过"幽州卢龙节度使"这杆大旗之后，延续着老爸的"恭顺政策"，得到了唐中央的重用。而我们应该明白，死人的排场往往是做给活人看的，刘济夫人的墓志，大概得益于儿子刘总在朝中的地位。

总而言之，刘济的夫人是"养儿防老"，而刘济则是"养老防儿"，很可能这种生前的不同境遇，导致了死后的不同待遇。

但是我们在关注两方墓志不同的同时还应该注意到它们的相同之处，这就是墓志盖上的图案——十二生肖。

房山长沟大墓刘济墓志纹饰（十二生肖）局部　　房山长沟大墓刘济夫人墓志纹饰（十二生肖）局部

我们的记者第一次看到刘济墓志的时候，在程利的指点下才认出十二生肖图案。因为这十二个动物的表现形式不太直接，而是被文官抱在怀里，不仔细看，很难认出来。

直播当天，中国社会科学院考古专家安家瑶曾经告诉过观众：十二生肖是唐代墓志上最常见的图案之一，有的是写实的动物，有的出现在头饰上，有的则被文官抱在怀里。

如果想证实这种说法，我们可以在位于北京动物园后身，五塔寺之内的北京石刻博物馆里找到参照物。

石刻馆里收藏着北京出土的大部分唐代墓志，比如1981年在海淀区钓鱼台东门以北，今天三里河路东边出土的唐代开元年间的郭君墓志，志盖上的十二生肖是兽头人身。而1981年在海淀区万寿路出土的唐代咸通年间的温令绥墓志，则是文官的怀里分别抱着十二只动物。

一盒墓志看起来简单，但各个部位的称呼却大有学问，如果不弄清楚这些，我们便很难理解考古学家们传递出来的宝贵信息。

墓志盖大都是覆斗式，所谓覆斗，就是颠覆过来的漏斗，上窄下宽。志盖最上层的平面，叫做盝，写着死者的官衔和姓氏，比如刘济墓志的盝上就写着：唐故幽州卢龙节度观察等使中书令赠太师刘公墓志之铭。盝的

唐郭君墓志（现藏于北京石刻艺术博物馆）　　唐温令绥墓志（现藏于北京石刻艺术博物馆）

四周呈现的斜面叫"刹",主要是用来画花纹的。斜面以下叫侧,花纹相对简单。

然而就在成书期间,咸阳发现了武则天时期的女宰相——上官婉儿的墓葬和墓志,志盖上却没有十二生肖图案。文物专家在接受采访时解释说:在墓志的纹饰方面,唐初多以四神、生肖、瑞兽、蔓草等动物纹饰为主,盛唐则以花卉为主。上官婉儿的墓志上就具备唐代中期的特点。那么究竟是从什么时候开始流行十二生肖墓志的呢?

晚唐。上官婉儿所处的年代是中唐。随着上官婉儿墓的发现,她与章怀太子李贤那段旧日情爱又被翻了出来。这里我们要关注的是,乾陵附近出土的章怀太子墓志上,已经出现了十二生肖图案,也就是说在中唐时期,以上官婉儿为代表的花卉墓志和以章怀太子为代表的生肖墓志是同时存在的。而前文提到的唐代北京人郭君在公元733年下葬,当时属于盛唐

上官婉儿墓志盖

时期，刘济则生活在中唐时期，石刻博物馆的馆藏证明，1949年在通州出土的金代墓志上，仍然保留着十二生肖图案。由此印证了学术界的一种说法：而是生肖墓志中唐以后开始大规模流行，一直影响到宋朝。刘济和夫人的墓志，以及北京出土的大量幽州墓志，都证明了这种说法。

那么十二生肖代表什么呢？抛开十二生肖复杂的起源不谈，墓志上的十二生肖代表十二个时辰，它们出现在古墓里，意味着死者在另一个世界也可以知晓人世间的时间轮回。同时，逐渐拟人化的十二生肖图案也代表十二位神灵，有护佑死者的含义。

那么话说到这儿，墓志的外观固然重要，但更重要的是里边的志文，也就是内容。刘济和夫人的墓志里到底写了什么呢？

## 文字：墓志铭里的信息量

相信很多人概念里的墓志铭，都停留在诗人北岛的那句"卑鄙是卑鄙者的通行证，高尚是高尚者的墓志铭"。直到刘济墓考古发掘抛出悬念，人们才对墓志铭产生了更多的期待。时至今日，刘济的墓志铭内容还没有全部揭晓，夫人墓志铭的内容更是杳无音信。那么墓志铭到底有可能为我们透露哪些信息？我们又在等待什么呢？

咱们先来看看现代人的墓志铭和古人的墓志铭有什么区别。

"高尚是高尚者的墓志铭"，北岛的这句诗在某种程度上揭示了现代墓志铭的一种作用——彰显一个人的毕生准则。比如冯玉祥的墓碑上写着：此志不移，誓死抗倭。卢梭的墓碑上则写着：睡在这里的是一个热爱真理和自然的人。

还有一些墓志铭表达出死者面对死亡的态度，比如牛顿的墓碑上刻着：死去的人们应该庆贺自己，因为人类产生了这样伟大的装饰品。萧伯纳的墓志铭这样写到：我早就知道无论我活多久，这件事情还是一定会发生。

这些近现代的墓志铭承载着死者的世界观、人生观、价值观，与此同时也存在着一些"毁三观"的墓志铭，堪称奇葩。比如莎士比亚的墓碑上写着：看在耶稣的份上，好朋友们，切莫挖掘这黄土下的灵魂。让我安息者将得到上帝的庇佑，迁我尸骨者将受到亡灵的诅咒。犹如一块"盗墓警示牌"。

除此之外，德国数学家鲁道夫的墓碑上刻着一串数字：3.1415926……，这是他毕生的心血——把圆周率精确到小数点后的35位。而影视红星玛丽莲·梦露的墓志铭同样是一组数字，代表的竟是她的三围尺寸。有人用墓碑来炫耀生前的荣誉光环，也有人用墓碑来表达自己生前的郁闷。比如美国空军麦洛维奇被发现是同性恋后，被解除军职，他的墓志铭这样写道：当我在军队时，他们因我杀害两个人给我一枚勋章，却因我爱一个人解除我的职务。

相比起以上这些千奇百怪的墓志铭，中国古代传统意义上的墓志铭又是什么样的呢？换句话说，房山大墓的主人——刘济及其夫人的墓志铭里究竟隐藏着哪些信息呢？在文物部门的考古结论没有正式公开之前，我们不妨先做一点预习，学学怎么解读志文。

以北京石刻博物馆收藏的唐代墓志为例，我们可以看到墓志铭从右往左，以竖版的形式书写。通常第一行字都是用来介绍死者的身份、官职，但是值得注意的是，在这部分内容里一般都用"某公""某君"来称呼死者，而不显示全名。

唐代墓志铭拓片　　　　　　　唐代墓志铭拓片

在直播中有这样一个细节，刘济墓志的志盖和志底发生了错位，在开启之前已经显露出一行字，但却只能看到"刘公"，并无法确定是否是"刘济"。

更奇怪的是，刘济墓志垫土层的清理工作，并不是从右往左顺序进行的，而是在中间靠右下方的位置单独清理出一竖行文字。考古队员究竟是根据什么定位这行文字的呢？这行特殊的文字又能显露出什么内容呢？

程利等清理刘济墓志志文

程利等清理刘济墓志志文

原来，由于直播时间有限，墓志垫土的清理工作又是缓慢而漫长的。考古队员为了在直播时段内确定墓主人"刘公"的真实姓名，根据对墓志铭开篇布局的掌握，用近似"猜字"的方式，大概确定了刘公的真实姓名在墓志上出现的位置。果不其然，这一窄条土层下显露出：刘氏讳济，字济。

同时这行字还透露出一个信息：刘济是汉昭烈皇帝的子孙，汉昭烈皇帝是谁呢？正是三国里的刘备刘玄德。

而咱们在前文提到的钓鱼台东门以北出土的郭君墓，"君"其实只是个尊称。由于墓志铭的右上角残缺不全，右边六行字的上半部都已经消失不见，所以没法确定墓主人的真实姓名，只能以墓志盖上的"郭君"二字代称。

墓志铭第一行介绍官职的部分叫做"首题"，首题之后，不同的墓志会有细微的差别。比如刘济墓志铭的第二行记载着为他撰文的作者是权载之，负责书写的人叫归登。程利向我们透露，刘济夫人墓志上同样记载着铭文的作者，而且还注明了这位作者的官职地位和得到的皇家赏赐。而出土于北京市丰台区槐房乡六必居酱园基建工地的唐朝王时邕墓志，在第二行居中的位置写着为他撰文的是"前卢龙节度驱使官宣德郎试太常寺协律郎贾喧"，从这一连串的名号可以看出来，贾喧是个官员。更有意思的是，我们发现在北京市丰台区蒲黄榆方庄小区焦家花园出土的一方唐代墓志，也是贾喧所写，可见这个人在北京是个有名的墓志铭写手。而负责执笔的人是乡贡明经李方素。乡贡明经，指的是一种经过地

刘济墓志中"公姓刘氏讳济字济"的字样

唐王时邕墓志拓片　　　　　　　　唐王时邕墓志拓片

方考试而得到推荐资格的官员候选人，说明李方素至少是个地方上的高材生。

然而并非所有墓志铭的撰写者都是有头有脸的人，因此也不是所有的墓志铭都记载着作者和书写者的名字。

接下来的内容具有一定的普遍性，包括墓主人的姓名、籍贯、身份地位、家庭成员、家庭成员的身份地位等等，相当于一份个人档案。

初次接触墓志，我们曾以为这些略带炫耀口气的信息是死者对自己的一种标榜，一种死了也要爱的荣耀。但有专家指出，墓志的原始作用很朴素，用以"志人"。"志"有标志的意思，墓志铭正是一种在史料、家谱之外，用来记录死者身份的载体。古人希望多年以后，人们还能对墓主人有所了解，这或许也是墓志铭选用石料雕刻而成、而并非用纸张撰写焚烧的缘故。不仅如此，墓志铭还有"志墓"的作用，因此墓地的位置描述也是墓志铭里重要的文字信息之一。比如北京蒲黄榆方庄小区出土的唐代刘氏墓志，就写明了位于"幽府东南十里燕台乡高义村"。唐代幽州城如今地表遗迹全无踪影，考古学家们正是通过九方墓志所描述的位置，结合出土的位置，勾勒出了唐代幽州北京的大概轮廓。

唐　潘公墓志铭

但是话说到这儿，越是了解墓志铭的内容，我们对刘济夫人的墓志越是充满了好奇。刘夫人对于刘总弑兄杀父的事实是否知情呢？如果知情，她又是什么样的态度呢？女人的墓志铭里通常会写些什么，对于这段家丑，是避而不谈，还是直面以对呢？

## 推测：刘济夫人的墓志内容

根据墓志铭的常规内容，刘济的墓志上记载了他的官职身份以及带兵打仗的工作业绩。在男主外女主内的唐朝，男人的墓志自然以事业成就为主，那么作为女性的刘夫人墓志上，又会如何描述她一生的成就呢？

按照传统观念，女人的一生分为三大阶段"女儿"、"妻子"、"母亲"。早在房山大墓直播当天，根据刘济夫人墓志盖上所写的："唐故蓟国太夫人赠燕国太夫人清河张夫人祔志铭"这行字，专家私下里告诉记

刘济夫人墓志盖

者：刘济夫人张氏出身名门望族。

在《百家姓》里"张"是个大姓，追根溯源，我们在《新唐书·宰相世系表》里找到了这样的解释："黄帝子少昊青阳氏第五子挥为弓正，始制弓矢，子孙赐姓张氏。"意思是说黄帝的儿子青阳氏的第五个儿子"挥"，发明了弓箭，于是黄帝赐姓为张。那么《新唐书》里为什么会记载"张"这个姓氏的起源呢？值得注意的是，作为二十四史里唯一有张记载皇室以外宗谱的世系表，《新唐书·宰相世系表》记载了、收录了唐朝的三百六十九位宰相，梳理出了九十八个姓氏的源头，涉及好几万人。我们也可以由此得到一个信息，唐代的宰相里有姓张的人，那么刘济的夫人张氏，会不会和朝中的宰相沾亲带故呢？

话说唐朝初年，长安城里有个著名的"三戟张家"，指的是张文禧、张文瓘、张文琮三兄弟。因为哥儿仨住在一起，房门口经常挂着象征身份尊贵的"列戟"，所以叫"三戟张家"。其中老二张文瓘是唐高宗时期的宰相，他的四个儿子的官位都在三品以上。一家五口人加起来月薪超过万石粮食，所以又叫"万石张家"。老三张文琮做官做到了组织部副部长——吏部侍郎，他的三个儿子也都当了高官，小儿子张锡更是在武则天、韦后两个时期担任宰相。

唐朝初年中央在梳理全国百家姓的过程中，选拔出十大姓氏，叫做十大"国柱"，从称呼上来看，选拔的关键取决于家族里培养出国之栋梁的数量。张氏则以一门三宰相的成绩位列"十国柱"之首。

那么话说到这儿，生活在中唐至晚唐时期的刘济夫人——清河张氏，会不会和初唐的名门张家扯上关系呢？

咱们还得回到《新唐书·宰相世系表》里去推敲一下答案。前边说到，黄帝的儿子青阳氏第五子——挥发明了弓箭，所以赐姓为"张"。古人认为，"青"通"清"，河流以北为阳，河流以南为阴，由此推断黄帝之子青阳氏当时居住的地方就在今天的清河以北，这里也被认为是张氏家族的发源地。

巧合的是，唐朝初年风生水起的名门张家，祖籍就在今天的河北省清河东北，是当时清河张氏之中最显赫的一支，挡不住的官运一直从南北朝时期延续到唐朝。而刘济夫人的墓志盖上也明确地写着"清河张氏"，显然与张家三兄弟既是当家子又是老乡。虽然我们暂时无法确定几个人之间是否是直系亲属，但想必一定存在裙带关系。更确切的答案，在夫人墓志的志文里应该有所记载，这无形中加重了我们的好奇与期待。

故事讲到这儿，刘夫人出阁之前的身份很清晰，是个大家闺秀。但接下来的两个身份就颇具戏剧化了。咱们多次提到，刘济是被次子刘总毒害致死，面对儿子杀老公，当时的刘夫人面临一个什么样的处境呢？

首先，从为人妻的角度看，刘夫人在刘济去世之后常年守寡。唐代的社会环境相对开放，并不严令禁止寡妇改嫁。但房山大墓证明刘济和夫人最终合葬，证明刘夫人并没有"梅开二度"，另嫁他人。

自古至今，守寡孀居的女人都面临着"养家糊口"、"抚养幼子"的双重压力。我们在著名文史学家周绍良先生主编的《唐朝墓志汇编》找到了几句典型的唐代守寡女性的志文：比如左提右挈、辛苦备尝；上奉尊堂、下抚幼孤；这说的都是拉家带口，生活艰辛。但对于刘夫人来说，老公刘济去世的时候，儿子刘总已经长大成人，身为幽州节度使家的太夫人，经济上自然不成问题。由此猜测，刘夫人的墓志上不会过多地强调客观环境的艰苦，或许更多的是相夫教子的成就。

但是话说回来，对于刘夫人来说"相夫"和"教子"似乎是个对立面，在儿子与丈夫的恩怨之间，在刘绲、刘总两个孩子之间，刘夫人究竟如何处理其中的复杂关系？她的墓志上又是否会记载这段家耻呢？一切谜团，都等着文物部门揭晓最终的答案。

说了这么半天，墓志铭三个字，我们只提到了前两个——墓志。当我们说"一盒墓志"的时候，墓志代表两块刻着字的石头。但从另一个角度看，墓志又代表整片墓志铭的前半部分文字。换句话说，墓志铭有两篇文章组成，一篇是"志"，一篇是"铭"。

"志"又叫"序",在典型的唐代墓志铭拓片上可以看到,在第一行介绍墓主人官职身份的大字下边,还有两个小字"并序",这便是志文的开始。"志文"是一篇叙事性散文,几乎涵盖了咱们以上说到的所有信息。那么"铭"又是什么呢?

众所周知,"铭"是个象形字,在金属器上留名,就是"铭",最早指的是青铜器上的文字,逐渐成了"文字"的代名词,比如咱们常说的"座右铭"。

但是对于墓志铭来说,"铭"已经演变成了一种"韵文",写在志文之后,通常是对志文的概括。

志文和铭文结合起来,才形成了中国古代传统意义上的"墓志铭"。

## 等待：墓志打开却难见志文

刘济的墓志铭在两本史料里都有所记载，一本是由清朝官方编辑出版的唐朝文集《全唐文》，一本是唐朝宰相权德舆的个人作品集《权载之文集》。两本文集的同一篇墓志却在具体内容上出现了差池，谁对谁错？无疑要取决于墓志开启的最终结果，大家对直播的结果也越来越期待。

然而直到直播结束，两盒墓志的详细内容也没有公诸于众，罪魁祸首是志盖和志底之间，被压着瓷瓷实实的一层土层。这究竟是人为填充进去的，还是另有来历呢？

程利告诉我们，古人有在墓志之间夹垫铜钱之类象征物的习俗，但是并不垫土。那么这些厚厚的土层是从哪儿来的呢？

原来大墓因为多次被盗，发生坍塌，两盒墓志被红土掩埋。而志盖和志底之间不是完全的密闭状态，所以渗进了土壤，经年累月便越来越瓷实，以至于直播当天难以当时清理。从直播当天的画面我们可以看到一个细节，刘济墓志盖与底之间的垫土并不是均匀分布的，靠近破损部位的土层厚出许多，这进一步说明垫土是从破损的缝隙里渗进去的，显然是密封较差的位置，渗入了更多的土壤。

另一个现象印证了程利的说法，从直播的画面中可以清晰地看到，墓主人的墓志土层要比夫人墓志厚出许多，这是因为这盒墓志有一角破损，盖与底之间的缝隙更大，渗土更多，而且薄厚不均，显然不是人为所致。

直播结束近两个月之后，刘济墓志铭的抄录研究工作才终于完成，

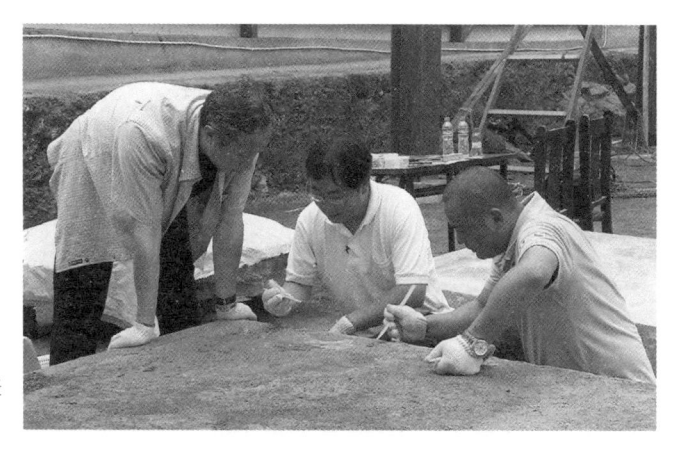

清理刘济夫人墓志表面淤土

清理刘济夫人墓志表面淤土

程利在新闻发布会上公布了几个信息，其中包括《全唐文》与《权载之文集》的勘误问题。

首先，出土的刘济墓志有铭文1543个字，其中正文1392个字，比《权载之文集》和《全唐文》所记载的"刘公墓志铭"记载的文字都多。

其次，刘济墓志上记载"公姓刘氏，讳济，字济"，而在《权载之文集》和《全唐文》中，刘济的字均被记录为"字济之"，墓主人到底叫刘济，还是叫刘济之呢？二十四史之一的《新唐书》与墓志实物上记载一样，由此可以证明墓主人叫"刘济"。

探墓手记——镜头背后的北京唐墓传奇

未完全清理的刘济夫人墓志表面淤土

未完全清理的刘济墓志表面淤土

除此之外,《权载之文集》记载刘济的祖父是"皇特進左金吾衛大將軍",而在《全唐文》中则书为"皇特進右金吾衛大將軍",一左一右出现了差别,哪个是对的呢?通过出土的墓志可以清晰看出,刘济祖父的职位为皇特进左金吾卫大将军。"皇特进"指的是当时的御林军,而"金吾卫大将军"则相当于如今的司令,连起来解释这个职位就相当于现在的卫戍区司令。

194

## 弦外之音：权载之是谁？

《全唐书》是二十四史之一，顺理成章地记载着一代封疆大吏刘济的墓志铭。那么权载之究竟是谁？他的个人文集里，为什么要收录刘济的墓志铭呢？

权载之，姓权名德舆，字载之，据说他不到二十岁就成了著名作家。当过文化部长（礼部尚书）、人事部长（吏部尚书）、司法部长（刑部尚书），最终官拜宰相。《新唐书》《旧唐书》里都有《权德舆传》，显然是个青史留名的显赫人物。为什么他的文集里会收录刘济的墓志铭呢？

事实上，中国人特别重视"盖棺定论"，所以唐宋时期有身份的人都请名人撰写墓志铭。欧阳修曾经给诗人元稹写过墓志铭，韩愈干脆靠写墓志铭赚外快。司马光曾经写过《武阳县君程氏墓志铭》，而他自己的墓志铭则是苏东坡写的。乍一看是朋友之间互相帮忙，事实上死者的后代为了表达孝心，常常一掷千金。比如元稹的儿子为了给白居易"意思意思"，不惜变卖银马鞍、玉腰带、马车、绫罗绸缎以及丫鬟等等，换了六七十万铜钱。白居易推脱不成，只好收下之后做了慈善、修了寺庙。

其实写墓志铭是个技术活，阿谀奉承很简单，但客观严谨还得让家属满意就没那么容易了。比如欧阳修一直努力做个"有节操"的墓志铭写手，却因此招惹了不少麻烦。他曾经给一位老朋友写了篇简明扼要、客观公正的墓志铭，却招来家属的不满意，要求他重写。为了这事，他还专门写了篇论文，浅析撰写墓志铭的实事求是原则。还有一次给争议人物范仲淹写神道碑，欧阳修费尽脑筋写了一年多，结果被家属篡改得面目全非，欧阳修为此恼羞成怒，声明这篇文章不代表本人观点。这一系列的矛盾都体现出中国人死要面子的虚荣观念。

　　从刘济的身份地位来看，朝堂重臣权德舆为他写墓志铭，很可能是奉了皇命。与此同时，刘济的墓志铭上还有一个人的名字——"归登"，归登是个官二代，曾经是太子的同学，也就是伴读，后来当过建设部长（工部尚书）。话说权载之写完铭文之后，由归登负责刻在墓志上，两大部长联手完成刘济墓志铭的制作，绝对称得上是"高端大气上档次"了。

中编／关于墓志铭

# 真相：8月13日新闻发布会

2013年8月13日，直播之后的第一次新闻发布会在府学胡同36号的北京市文物局举行。距离墓志开启近两个月之后，部分真相终于得以揭晓。除了通过铭文确定了史料中的对与错之外，大墓的一些谜团也逐步破解。

大定通宝之谜

唐代古墓为什么会出现金代的"大定通宝"？"祭祀"？"修墓"？"随葬"？种种猜测在两个月间经历了缜密的筛查。专家推测，如果铜钱

金"大定通宝"（房山长沟大墓出土）

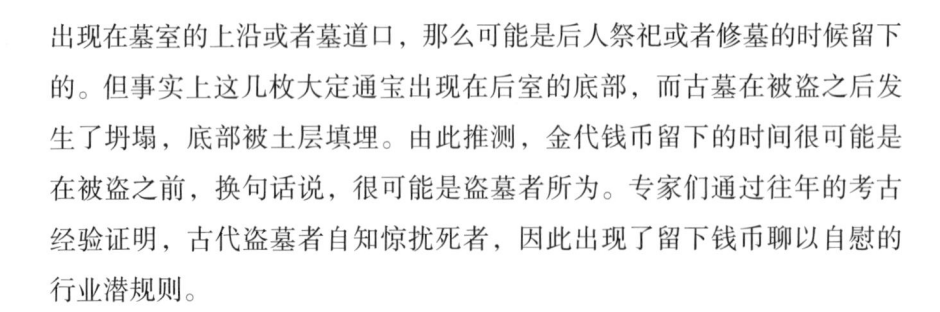

出现在墓室的上沿或者墓道口，那么可能是后人祭祀或者修墓的时候留下的。但事实上这几枚大定通宝出现在后室的底部，而古墓在被盗之后发生了坍塌，底部被土层填埋。由此推测，金代钱币留下的时间很可能是在被盗之前，换句话说，很可能是盗墓者所为。专家们通过往年的考古经验证明，古代盗墓者自知惊扰死者，因此出现了留下钱币聊以自慰的行业潜规则。

大墓修缮时间

刘济死于非命，大墓里种种匆忙入葬的迹象不时向我们强调着这个事实。那么这座大墓从选址到竣工，究竟用了多少时间呢？墓志上记载：刘济的下葬时间是农历十一月，而史料上记载他死于农历七月，短短四个月的时间就完成了墓葬选址、修建、制作棺椁、绘制壁画等等一系列工作，时间之仓促可想而知，印证了之前提到的种种细节蹊跷。

## 随葬品集体亮相

在坟庄村老书记的回忆中提到，村民曾经在大墓周边发现过很多圆形洞口，上边覆盖的土壤跟周边的颜色有明显不同。而程利也表示，通过对土壤扰动情况的分析可以推断，大墓在唐代就曾经被盗，日后几个朝代也有不同程度的破坏。然而随着盗墓小说的火爆，随葬品仍然是人们对一座古墓的最终期待，人们关注它的价值，更关注它所承载的关于墓主人的种种信息。

在直播现场，我们专门为随葬品开辟出了一个展示空间，准确地说，展示一个出土物的展示空间，不都是随葬品，比如程利首先为我们展示的，就是在主室棺床西侧发现的尸骨，包括半个拼接而成的头盖骨，和一个带着牙齿的下颌骨。

来自中国社科院考古所的专家安家瑶老师告诉我们，文物通常指的是人工制作的东西，尸骨不算文物，但对考古研究有很重要的作用。那么话说到这儿，通过这仅存的头盖骨和下颌骨，是否能确定他是不是墓主人呢？安老师告诉我们，从牙齿可以看出它的磨损程度很大，从头盖骨的骨缝也能看出它的骨密度不高，因此推测是个年龄比较大的人。刘济去世的时候已经54岁，刘济夫人死亡时间比刘济晚，但寿命多少未知，这头盖骨究竟是哪一位的呢？

坐在嘉宾席的北京考古学会会长齐心老师告诉我们：通过头盖骨的脑门和后脑勺能够判断出男女。但两位专家都表示，要想得到确凿的结论，

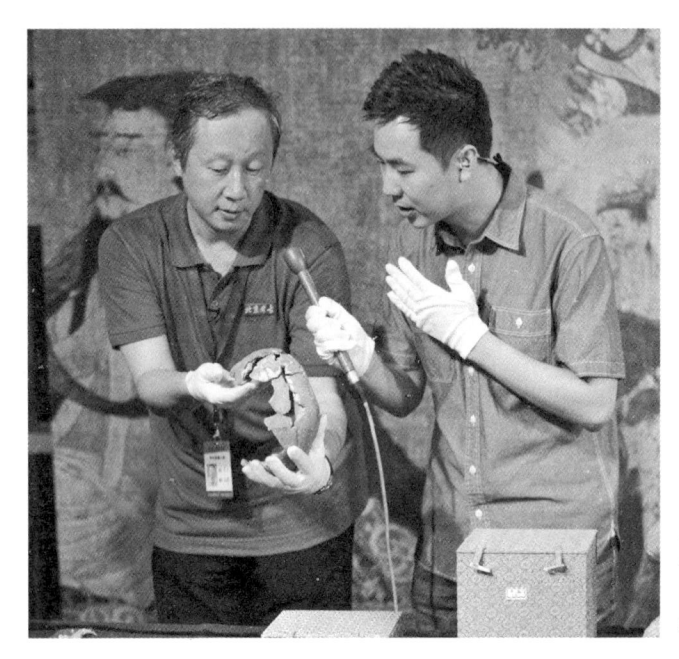

直播中程利（左）展示房山长沟大墓发现的头骨，右为节目主持人马迟

还得拿到专业部门去检测。

主持人马迟提出了大胆的假设：如果头盖骨是墓主人刘济的，那么能否在检测过程中发现中毒的痕迹呢？

这个问题并不是空穴来风，在清朝的史料里，光绪皇帝因病而死。但在2006年，有关部门从光绪皇帝的发辫上检测出了一种叫做"砷"的有毒物质，也就是"砒霜"。由于只在发梢的位置检测出了"砒霜"，发根和中部都没有。专家最终得出结论——光绪皇帝死于急性中毒。因为毒素没来得及通过发根传送到发梢，而是停留在胃里。发梢上的"砷"是在尸体腐烂的过程中沾染上去的。

清西陵出土光绪发辫

那么如果刘济的尸骨保留至今，是否还能发现中毒的痕迹呢？安家瑶老师告诉我们，这取决于毒药的种类。比如2013年耸人听闻的复旦大学投毒案，用的是重金属"铊"，这种毒素比较容易检测。但刘济当年死得很快，毒药是否来得及深入到骨头里，我们不得而知。只能等待检测结论。

除了头骨之外，刘济墓出土了几件白色的瓷器，安家瑶老师用了十二个字来形容：洁白细腻、有色纯正、器形规整。其中一件是咱们常见的碗，而另一件比较特殊，口和肚子都很大，颈部却非常细小。这叫唾盂，是古代贵族吐痰用的容器。安老师幽默地说：由此可见，中国人随地吐痰是不符合传统的。

为什么刘济墓里出土的瓷器都是白色的呢？难道好看的彩瓷都被盗墓者偷走了吗？事实上，唐朝的瓷器讲究"南青北白"，北方的白瓷可谓极品。

在大多数人的概念里，最著名的白瓷窑口当属五大名窑之一的定窑。在探访河北曲阳大墓的时候，我们顺道参观了定窑遗址，随处可以见到洁白的瓷片。遗址隔壁的博物馆里，还在出售当代定窑的纪念品。那么刘济墓出土的瓷器，是不是定窑的呢？安家瑶老师确信地说：不是定窑而是邢窑。邢窑在今天的邢台附近，从隋代开始出现，到唐朝的时候发展到了顶峰。邢窑的白瓷是唐朝的贡品，安家瑶老师在发掘大明宫遗址的时候，就发现了大量的邢窑瓷器。而定窑是在邢窑的影响下产生的，诞生于唐末，在宋朝达到顶峰。所以所谓的五大名窑，仅仅是针对宋朝而言。

除此之外，古墓里还发现了一个造型奇特的大罐子，底部的莲花座已经破损，被放在一边。罐子肚子大脖子细。整体造型看上去很眼熟，仔细想想跟北海公园的白塔有点像，因此它有个形象的名字——塔式罐。

安家瑶老师告诉我们，这种塔式罐是一种专门用来陪葬的冥器，整体造型和图案都跟佛教有关。学术界对塔式罐早有研究，2002年02期《中原文物》刊登的一篇名为《塔式罐研究》的文章中提出：塔式罐即文献中的"五谷仓"，其功用在于帮助亡人在冥界的饮食及来世的超生。

探墓手记——镜头背后的北京唐墓传奇

房山大墓出土白瓷碗 　　　　　　　　房山大墓出土白瓷碗

房山大墓出土白瓷碗 　　　　　　　　房山大墓出土白瓷碗

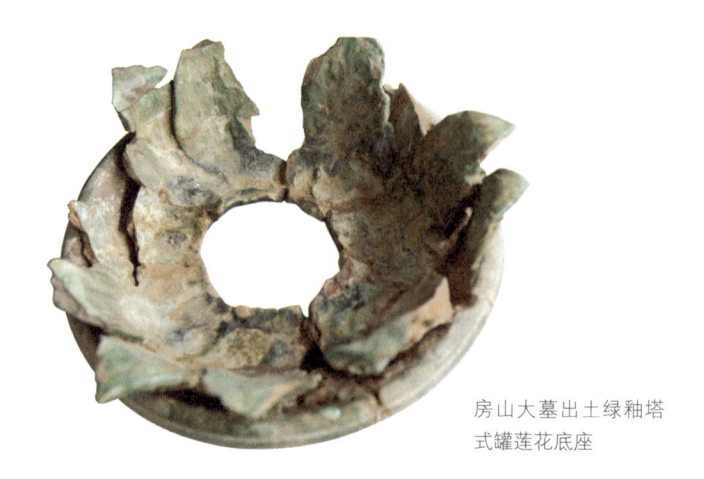

房山大墓出土绿釉塔
式罐莲花底座

房山大墓出土绿釉塔式罐

探墓手记——镜头背后的北京唐墓传奇

房山大墓出土的玉饰件

房山大墓出土的绿松石

房山大墓出土的琥珀

　　大墓虽然多次被盗，但也保留下了几件珠宝玉石。比如材质温润、双面雕花的玉片，颜色鲜艳的绿松石雕件等等。安家瑶老师细心地发现，这件绿松石雕件上有圆孔，因此推测它应该是一件饰品。而另外一件琥珀雕成的叶子，因为是有机宝石，经过一千多年的氧化变得灰头土脸，但是通过破损的切口，我们能够清晰地看到它晶莹剔透的材质。

　　那么看到这儿，访谈区的国培元提出了一个大众化的问题：为什么这座墓里没有出土唐三彩呢？齐心老师告诉我们：唐三彩盛行的时间很短，只有初唐到盛唐这百十来年。随着安史之乱的爆发，唐朝陷入了噩梦之

204

中，制造业也受到了重创。而刘济生活在中唐贞元、元和年间，没有唐三彩随葬是正常的。唐三彩的等级非常高，北京发现的唐墓里，从来没发现过三彩马、三彩骆驼这些典型题材，只出土过一只三彩炉。刘后滨老师补充说：唐三彩的等级非常高，只在长安、洛阳的唐墓里大量出土，除此之外，就是以扬州为代表的经贸口岸出土过。

在随葬品展示区的最北端，我们曾经在文研所里见到的文官俑也被请到了直播现场。安老师透露了一个信息：文武俑的出现，本身就是墓主人身份的象征。更何况唐墓里出土的大都是陶俑，像这样的彩绘石俑可谓罕见。

大墓里幸存下来的这些细小、残破的随葬品，成了大墓直播的一大亮点，差点抢了两盒墓志铭的风头。然而大墓给我们带来的惊喜，在直播之后仍在继续。

房山长沟大墓出土文官俑

## 意外：突如其来的发现

2013年6月28日，直播之后的第六天，墓志的清理工作还在继续。正如程利的预料，刘济的墓志在上午清理完毕，而夫人墓志的清理相对缓慢很多。下午2点34分，在考古现场跟踪拍摄墓志清理过程的摄像国嘉在《这里是北京》的内部微信群里发了一条消息：房山大墓最新发现，重大发现。欲知详情，请致电我，接电话收费。

微信之后缀了两个诡异的笑脸，大家知道此时没人敢拿大墓的事儿开玩笑。微信发出不到十分钟，房山长沟大墓考古现场便电话铃声四起，程利、刘乃涛、董育纲、国嘉接起电话听到的内容几乎一样：夫人墓志究竟发现了什么？

其实这个期待早在6月22日11点55分就开始积蓄，那是直播结束的一刻。当刘济夫人的墓志在众目睽睽之下缓缓打开的时候，人们无奈地发现志底的文字上覆盖着一层厚厚的土层，早已被志盖压得瓷瓷实实。看着考古队员们小心翼翼剥离土层的动作节奏，不少人心头一凉，三个小时的直播恐怕等不到志文揭晓的结果。最终，直播画上了一个句号，而房山长沟大墓的真相，却给人们留下了一连串的省略号。

6月28日，考古现场出人意料的发现，让积蓄已久的期待瞬间爆发。墓志上到底发现了什么？是文字信息？还是随葬品？我们的镜头记录下了这个突如其来而又珍贵的瞬间。

前文提到，刘济夫人的墓志由于没有受到破坏，因此渗入的土层比刘济墓志要薄得多。然而就在清理这薄薄的土层的过程中，程利和刘乃涛不约而同地发现了问题。红褐色的土壤里，夹杂着点状的白色粉末，更引人瞩目的是，在墓志的北侧偏西处角，呈现出大片的粉红色。

面对这样意外的发现，程利和刘乃涛都停下了手里的清理工作。粉红色的块状物会不会是朱砂呢？

朱砂就是今天我们所说的硫化汞——一种有毒的化学物质。但是对于中国古人来说，朱砂有着多重身份和作用。

首先，朱砂鲜艳的红色和经久不褪色的特性，正好迎合了中国人的整体审美取向。古代皇帝御笔朱批所用的墨块里，鲜艳端正的红色即来自其中的朱砂成分。张爱玲曾经把男人一生中遇到的两个女人比喻成"明月光"和"朱砂痣"，这里的朱砂，代表着明艳妖娆。

清理刘济夫人墓志表面淤土

清理刘济夫人墓志表面淤土

提取淤土中的检测样品

发现大片粉红色

刘济夫人墓志粉红色土块

发现并取出刘济夫人墓志粉红色土块

与此同时，朱砂却承担着另一个截然相反的角色。相传古代少女的手臂上会被点上一颗朱砂痣，叫"守宫砂"。守宫砂并不是直接把朱砂涂在

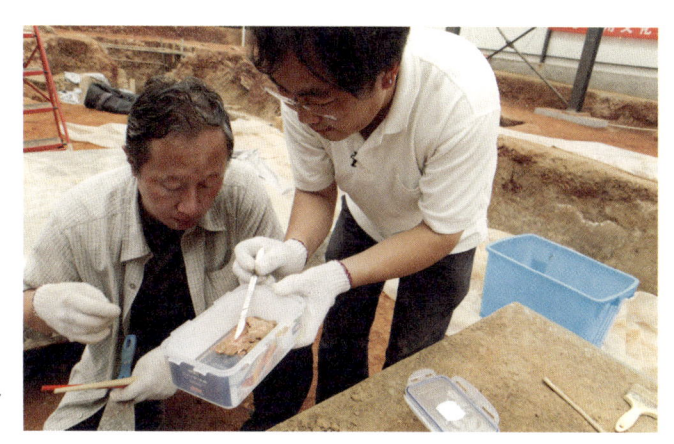

刘济夫人墓志粉红色土块

手臂上，而是每日用朱砂喂养壁虎，等到壁虎吃完七斤朱砂之后，将它捣烂，涂抹在少女的手臂上。一旦少女失去了节操，守宫砂便会消失。

以上两种说法，说到底都是中国人的价值观与审美观相结合的一种外化表现，掺杂着更多的心理因素。

实际上，中国道教的丹药里含有大量的朱砂成分。而对于普通百姓来说，朱砂本身是一味中药，有清心安神、治疗失眠的作用。《本经》里记载朱砂有养精神、安魂魄、益气、明目的功效。但现代人发现朱砂的主要成分是硫化汞，大量服用会造成汞中毒，因此很多药品都禁止使用朱砂。老字号同仁堂的牛黄千金散及小儿至宝丸就一度深陷汞超标的困境。

那么话说到这儿，古墓里如果出现朱砂，是否正常呢？它又是以什么身份出现的呢？

事实上，古墓里出现朱砂的现象并不罕见，有人把朱砂洒遍墓室的各个角落，有人把朱砂装在容器里陪葬，究竟是干什么用的呢？考古专家们做出了几种猜测。

首先：朱砂不仅以纯正的红色取胜，重要的是它有不褪色的特性，所以很多古墓的壁画、丝织品上都发现了朱砂成分的颜料。比如马王堆汉墓出土的丝织品里，不少红色的丝线就是用朱砂浸染而成的，时隔两千多年依然鲜艳如初。浙江省衢州曾经发现过一座明代的夫妻合葬墓,其中的墓志铭就是用朱砂书写的,历经五百多年依然清晰可辨。

其次,古人不仅发现了朱砂有安神的药效,而且认为朱砂有杀菌防虫的作用。很多古墓的棺椁上都涂有朱砂,古墓四处抛洒朱砂,也在一定程度上达到了驱虫的目的。更令人称奇的是,山东滕州商代的贵族墓里发现了铺垫在死者身下的厚厚朱砂层。我们有理由相信,如此兴师动众的"朱砂行动"不仅是为了驱虫,更重要的是为了达到驱除鬼祟的心理安慰。在中国古代,鲜红色的朱砂一度被当成血液的替代品,有个成语叫"血气方刚",古人认为血气对鬼怪有震慑力,驱鬼所用的灵符都是用朱砂画就的,所以古墓里陪葬朱砂也能达到避邪的目的。

那么话说到这儿,房山长沟大墓里刘济夫人墓志盖与底之间夹杂的大片块状物究竟是不是朱砂呢?

程利小心翼翼地从墓志上取下一块粉红色的土块,放进了刘乃涛手里的标本盒里,紧接着准备揭取另一块。只听见刘乃涛用低沉的声音压抑着内心的兴奋说了一句:是丝织品。

我们的镜头和所有人的目光都集中在了标本盒里那一块小小的粉红色块状物上。无需放大镜,便可以从碎块的断层上看到织物的痕迹。程利和刘乃涛瞬间对视之后做出了初步的推测:这是一块被折叠成七八层的绢布。与此同时,我们的摄像师国嘉在微信群里发出了那条信息:"房山大墓最新发现,重大发现。欲知详情,请致电我,接电话收费。"紧接着便是现场工作人员的电话纷纷响起,《这里是北京》的几位主创人员,纷纷通过自己的渠道打听真相,最终得到的消息如出一辙:刘济夫人墓志发现丝织品和白色粉末,接下来需要进一步的研究检测。

尽管传递出去的信息非常有限,但我们的镜头记录下了考古队员们的种种猜测。白色粉末会不会是骨灰?丝织品会不会是裹尸布?墓室里只找到一具男性尸骨,刘济夫人会不会已经被火化了呢?

中编／关于墓志铭

## 难题：给"粉末"翻身

刘济夫人墓志上发现的丝织品，被带回了北京市文物研究所。我们的记者一天两个电话，盯着下一步的动向。时隔三天之后，程利打来电话通知：明天王亚蓉老师要来文研所，确定下一步的研究方案。

王亚蓉，中国社会科学院考古研究所的丝织品专家。我们与王亚蓉的第一次接触，是在2007年。不少观众或许都记得，当时石景山区的一片建筑工地上出土了一具干尸，留着明朝的发型，却穿着清朝的龙袍、蟒袍。奇怪的妆扮引起了人们的关注，身份之谜至今没有破解。当时王亚蓉老师作为北京最权威的丝织品专家，就干尸服装的修复工作接受了我们的采访。

当年出土的龙袍、蟒袍，被陈列在石景山的一座主题博物馆里，我们的摄像机记录下了这两件丝织品的清理过程。有人曾经猜测干尸生前是一

王亚蓉鉴定干尸

石景山出土干尸

位京剧演员，龙袍蟒袍皆为戏装。但王亚蓉老师告诉我们，两件衣服的做工非常精美，并不像是民间的工艺。

而对于《这里是北京》的制片人李欣来说，与王亚蓉的渊源更加深远。2000年，李欣还是个普通的记者，历时一年半时间跟踪拍摄石景山区老山汉墓的考古发掘。其间，老山汉墓出土了一块珍贵的丝织品。从当年留下的影视资料里可以看到，丝织品的出土、揭取工

王亚蓉修复干尸龙袍

中编／关于墓志铭

作都是由王亚蓉亲自参与完成的。我们由此理解了她人生履历中的一个亮点：几十年从事考古纺织品文物现场发掘。如今老山汉墓出土的丝织品被陈列在首都博物馆二层的历史文化展厅里。如果不经指点，或许很少有人能把它和刚出土时的样子联系在一起，这是王老师经过三年多的时间，清理、修复之后呈现的结果。这个细节可以让我们记住她的另一个光环：丝织品文物修复专家。

这一次刘济墓出土丝织品，人们第一想到的还是王亚蓉。7月4日一早，王老师带着三个学生如约来到了文研所。资料室的长条会议桌上，三个半透明的标本盒里装着块状的丝织品，如同等待诊断的病人一样准备就绪。

没想到的是，王老师简单端详一番，便要打道回府，这是知难而退，

王亚蓉清理老山汉墓出土丝织品

老山汉墓出土丝织品
（现藏于首都博物馆）

老山汉墓出土丝织品（现藏于首都博物馆）

还是另有打算呢？

原来当初程利从墓志上揭取这一块块丝织品的时候，以为是朱砂伴随垫土而成的土块，所以直接放在了标本盒里。但如果进行下一步的研究，必须把它们从盒子里取出来。王亚蓉老师告诉我们：纺织品文物都含有蛋白质，在氧气中自然老化，出土的纺织品由于受地下水、盐碱、人体腐烂物等的影响，极为脆弱，况且刘济夫人墓志出土的这块丝织品在墓志盖与底之间经过长时间压迫，已经完全干燥，如同土块。稍微一碰便会破碎，在这种情况下，不能直接从标本盒里取出来，无法进行下一步的研究。这该怎么办呢？

王亚蓉虽然从事丝织品考古、研究工作长达几十年，但她坦言丝织品的出土情况不尽相同，因此方案也要对症下药，具备应急能力。像刘济墓这样的案例前所未有，短短几分钟的端详之后，一个初步的方案迅速确定。但是碍于文研所没有趁手的工具，王老师决定打道回府。

王亚蓉在做房山长沟大墓出土丝织品清理工作

房山长沟大墓出土丝织品

短短半个小时之后,王老师和他的三位学生再次回到文研所的资料室里,他们带来了宣纸、棉布、喷壶、显微镜等等一系列看起来不搭界的工具。在场的我们一头雾水,除了显微镜的功能比较单一显著之外,其他的东西都是干什么用的呢?

只见在王老师的指点下,几位学生先把一块电力纺铺在丝织品上,王老师告诉我们,电力纺有一定的韧性,能够拉住丝织品的纤维,防止已经产生的断口进一步断裂。铺好电力纺,学生们分别把宣纸叠成不同的厚度,均匀地洇湿。然后将湿润的宣纸铺在标本盒里的丝织品上。原来要想给干燥的丝织品翻个身,必须先让它们恢复湿润的状态。宣纸就是传导水分的媒介,听起来简单,但真正操作起来却比我们想象的复杂得多。

刘济墓出土的丝织品有一定的厚度,侧面能看到重叠的断层,程利推测这是一块被折成七八层的绢布。因此刚开始要把宣纸折成厚厚的小块,填补在丝织品的周围,与丝织品表面形成一个水平面。紧接着再把叠成大块的宣纸一层一层铺在上面,直到宣纸和标本盒的四周外沿形成一个水平面。这样一来,丝织品犹如镶嵌在厚厚的宣纸层中,四周没有任何空隙,为的就是在接下来的翻动过程中,避免微小的厚度落差造成的震荡和错位。

然而王老师告诉我们,必须寻找几件有分量的重物,压在厚厚的宣纸

王亚蓉清理房山长沟大墓出土丝织品关键环节——填充宣纸

王亚蓉清理房山长沟大墓出土丝织品关键环节——填充宣纸

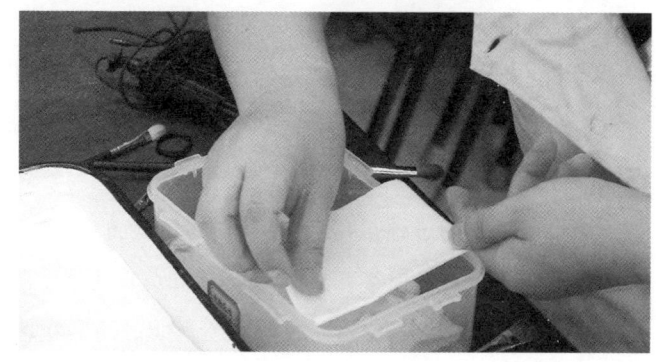

上，通过压力让丝织品吸足水分。但这件重物必须恰好能放进标本盒里，不能太大也不能太小。正所谓踏破铁鞋无觅处，得来全不费工夫，文研所的资料室里收集了数千本书籍，大大小小无所不有。很快，刘乃涛就从中找到了几本和标本盒一样大小的书本。

一系列的准备工作持续了三个多小时，眼看将近午饭时间，王老师端详了一下被塞满宣纸的样品盒之后，提议大家先去吃饭。去往食堂的一路上，我们都在追问什么时候才能把丝织品取出来，得到的答案似是而非：根据观察的情况而定。

午饭席间，我们对上午累积的种种疑惑向王老师提出了问题。

记者：刚才看到您在笔记本上把丝织品的轮廓图都画了下来，这是为什么？

王亚蓉：咱们在研究丝织品的过程中难免会转动方向，甚至是破损，留图是为了记录切口之间的关系，同时确定丝织品花纹的方向。

记者：为什么给丝织品导湿，只能用宣纸？

王亚蓉：普通的纸张含酸，而宣纸则不含，酸性物质会对丝织品造成伤害，所以必须用无酸纸，化学实验中的滤纸也可以。不仅要用无酸纸，水也必须是纯净水。

记者：刚才您说要根据观察的情况决定下一步的工作，具体观察什么呢？

王亚蓉：一会儿吃完饭，你们就会看到标本盒里发生了变化。

果不其然，当我们吃完饭再次回到资料室，发现标本盒的四壁上已经结了一层水雾。可王老师端详了一下却说："再等等。"

无期的等待，加上饱了犯困的人体规律，在场的每个人都昏昏欲睡，只有王老师和程利聊着家常。忽然，王老师招呼大家：时间差不多了，可以取出来了。

这个"取"的过程，有点像我们小时候玩的"扣饽饽"。塞满宣纸的标本盒被倒扣过来，原本在盒底的丝织品成了最上层。大家屏住呼吸，盯着王老师小心翼翼地轻提盒身，眼看着丝织品与盒底缓缓地脱离，没有破

王亚蓉清理房山长沟大墓出土丝织品关键环节——扣饽饽

王亚蓉清理房山长沟大墓出土丝织品关键环节——扣饽饽

王亚蓉清理房山长沟大墓出土丝织品关键环节——扣饽饽

损、没有残留。当标本盒彻底移开，丝织品终于离开了标本盒，可以在电力纺和宣纸的托衬下随意移动了。

## 墨迹：是文字还是图案？

初次见到这几块丝织品残片的时候，经验丰富的王亚蓉老师就确定这是细绢。咱们常听说"绫罗绸缎，丝帛锦绢"，这几种丝织品到底有什么区别呢？

简单点说就是织法不同，比如"绫"，主要采用斜纹织法，如今市面上也叫"斜纹绸"；"罗"在织造的过程中留有纱空眼；"帛"原本指的是材质好的白布条，最早用来写字作画，古代流传下来不少帛书和帛画。而绢则采用平纹织法，质地比较轻薄。

在放大镜下，细绢的每一根丝线都被放大到五十倍粗细，数据显示，经线的直径只有90微米，相当于头发丝的粗细，而纬线略粗，也只有130微米，如此精细的绢布，代表着唐朝纺织技术的发达，同时也印证了刘济夫人的地位实力。

那么这块被叠成豆腐块的绢布，到底是干什么用的呢？咱们不妨通过绢的作用，以及古墓里出土随葬品的案例，进行一下大胆的猜测。

猜测一：绢画

早在宋代的造纸术发明之前，唐代文人通常在绢布上作画，因此不少唐代遗址都出土了绢画，比如敦煌莫高窟的仕女图、新疆吐鲁番唐墓的绢画屏风等等。那么刘济夫人墓志里出土的丝织品，会不会是一副绢画呢？

而显微镜下的一个新的发现，引发了另一种猜测。

房山长沟大墓出土丝织品残片

房山长沟大墓出土丝织品（50倍显微镜下拍摄）

猜测二：经书

在显微镜下我们可以清晰地看到黑色的墨线，以及金色的粉末。王亚蓉老师第一时间想到的不是绢画的图案，而是文字。的确，唐代的织金、绣金技术已经非常发达，如今故宫里还收藏着唐代末年到五代时期的缂丝《金刚经》，所谓缂丝，就是一种独特织法的高级丝织品，唐代的缂丝已经出现了用金线打底的做法。根据程利透露的消息，刘济夫人的墓志铭显示，她曾经皈依佛门、带发修行。那么，这些丝织品会不会是经书呢？

而与丝织品同时被发现的一些白色粉末，则引发了另一种猜测。

猜测三：裹尸布

在直播过程中已经交代，刘济墓里只发现了一个头盖骨和几块散落的尸骨，头盖骨初步断定为男性，然而刘济墓是一座夫妻合葬墓，夫人的尸体去哪儿了呢？

随着夫人墓志被开启，考古专家们在土层之间发现了星星点点的白色粉末，于是有人大胆猜测：刘济夫人会不会已经被火化，而丝织品就是用来包裹骨灰的呢？

在今天的人们看来，火葬是一种代表现代文明的殡葬方式，但事实上，早在中国原始社会就出现了"火化尸体"的葬俗，秦汉时期还局限于少数民族，随着佛教传入中国，高僧圆寂之后大都采用火化的形式，不少佛教信徒都跟风追随。到了唐宋时期，火化成了一种流行趋势，当时的火葬场叫"化尸亭"。直到宋朝以后，中央下令禁止火化，明朝以后火葬逐渐消失，土葬这才逐渐垄断了中国的殡葬市场。

如此看来，刘济夫人是唐朝人，又是佛教徒，不排除火化的可能，但确切的答案，得等白色粉末得出化验结论之后才能确定。

除了以上几种猜测之外，一些古墓出土的丝织品或许也能给我们带来一些思路。

比如老山汉墓出土的丝织品是内棺的棺罩，而马王堆出土过绢帛绘制而成的地形图、驻军图以及各种书籍、字画。除此之外，各种衣物就更常见了。至于刘济墓里出土的丝织品到底是什么？我们相信真相会在不久的将来浮出水面。

下编

# 刘济的那些垫脚石

## 薛仁贵之子：节度使第一人

在关于房山长沟大墓的相关报道中，"军阀"、"土皇帝"成了媒体对"节度使"最通俗的解释。但是历代皇帝都不是傻子，更何况是一手打造大唐盛世的李家子孙们。没人会专门设立一个能够动摇皇室根基的职位，那么节度使究竟是怎么诞生，又是如何一步一步走向权利巅峰的呢？

起初节度使并没有专门的官位，只是个由都督兼任的职务，"都督带使持节者谓之节度使"。那么持节是什么意思呢？

话说节度使上任之前都会被中央授予"双旌双节"，这不是一种虚拟的称号，而是一种信物。有个词叫"旌旗招展"，"旌"指的是带羽毛的旗子，"节"指的则是竹棍，一套"旌节"代表赏罚权力，旌以专赏，节以专杀。

那么唐朝是什么时候开始正式设立节度使这个职位的呢？人们曾经普遍认为唐朝的第一个节度使是景云二年（公元711年）上任的河西节度使贺拔延嗣，掌管着今天甘肃一带的七个州，主要是为了抵御吐蕃、突厥的进犯，拥有独立的军事权。但是这个"第一"遭到了挑战，《资治通鉴》记载早在贺拔延嗣上任的前一年，也就是景云元年（公元710年），薛仁贵的儿子薛讷已经在幽州担任了"幽州镇守经略节度使兼幽州都督"的职务。由此可见，薛讷不仅是第一个幽州节度使，也是唐朝的第一个节度使。

然而同样是节度使，薛讷和刘济却因为在不同的时代任职，手里掌握的权力可谓相去甚远。

骑马人物图　唐　佚名　（法）吉美国立东方美术馆藏

　　薛纳当节度使的时候，级别、权力都还不明朗。直到开元年间（公元713-741年），节度使才正式作为一个有编制的官职出现。那时候唐玄宗正式设置了八个节度使，主要职责就是镇守边疆。史书上说"缘边御戎之地，置八节度使。受命之日，赐之旌节，谓之节度使。得以专制军事"。从最后这句"得以专制军事"不难看出来，即便是开元年间的"八大节度使"，当时也只有军权。后来唐玄宗在天宝元年（公元742年）又增设了两个节度使，一共十个，为李唐王朝守着各方的门户，防御着周边少数民族的入侵，圈出了一个大唐盛世。

尽管薛纳担任的幽州节度使翅膀还不够硬，权力还不够集中，但我们发现他和刘济都有一个共同的官职。

2013年8月13日，距离大墓直播将近两个月之后，北京市文物局召开了一次发布会，刘济墓志的完整内容第一次向社会公开。志文印证了史书里的记载，刘济不仅是幽州卢龙节度使，还兼任幽州大都督府长史。无独有偶，第一任幽州节度使薛纳也曾经兼任幽州都督。这"都督"和"节度使"到底有什么关系和区别？为什么两个职位自始至终都像连体婴儿一样连在一起呢？

都督，这个职位最早出现在三国时期的魏国，顾名思义是个负责监督军队的干部。但都督起初并不是一个常设职位，只有打仗的时候才临时任命。后来曹操在统一北方的过程中设置了都督区，相当于现在的"军区"，都督才成了地方上的最高军事长官。

到了南北朝的时候，都督府改叫总管府，一直沿用到隋唐。直到唐高祖李渊在位的武德七年，也就是公元624年，总管府又把名字改回了"都督府"。

但是我们应该注意一个细节，刘济的墓志上写着"幽州大都督府长史"。简单的八个字，却信息量极大。而且关系到一个重要问题：节度使的权力是怎么不断膨胀，直至不可遏制的。

首先，大都督府和都督府是同一系统的两个级别，重要的地区都要设立大都督府，下边管着多个"都督府"，有点像现在的"省"和"市"的关系。幽州设大都督府，至少说明了这个地方的军事地位和势力范围。那么大都督府的一把手为什么不叫"大都督"，而叫"长史"呢？其实"长史"是一个独立的官职。唐朝的时候，一般都由王爷担任名誉大都督，但却并不实际到任，通常由地方上的长史代管。长史相当于现在秘书长，是地方上的最高行政长官。所以准确地说刘济是"长史代理大都督工作"。

这时候您注意了，地方行政长官和军区司令的权力已经集中到了一个人的身上。

那么话说到这儿,甭管是代理也好、兼任也罢,大都督自始至终都是个军职,而节度使也是管军队的,二者有什么区别,为什么不合二为一呢?

首先都督既负责"攘外",又负责"安内",同时监管民生和政治,所以唐朝国内很多地方都设有都督府。相比之下,节度使们却是背靠祖国,一律枪口朝外,只负责抵御外敌,全部分布在边疆地区。

除此之外,唐朝军队分为中央军和地方军,中央军叫"府兵",是皇帝的保安团和打仗的后备军,他们忙的时候种地,闲的时候练兵,乱的时候打仗。而地方军叫"州郡兵",归都督府调遣。但作战实力有限,只能保一方平安。遇上大事,府兵和州郡兵就得协同作战。但是随着府兵制的停废,都督们手下的州郡兵显然打不了硬仗,于是出现了节度使掌管的军队,这些人更像是民兵,都是从民间招募上来专门保卫边疆的。

如此看来,节度使的军队为朝廷解决了"人荒"的难题,还常年驻守在边疆不毛之地,爱国精神可见一斑。但硬币都有两面,历史也是如此。

## 张守珪：魔幻小说里的节度使

欧阳修曾经发表过一段时政评论，大概意思是说：自从府兵制废除，藩镇强盛之后，那些有力气没处使的善战之人占据着险要位置，掌握着地方权力，有人有兵又有钱，而且分布在全国。藩镇怎么会不强大，中央权力怎么会不被削弱，出乱子是必然的。

司马光也曾经在《资治通鉴》里写道：开元年间，皇帝有君临四海、统一全国的远大志向，边疆的将领十几年都不轮岗。

欧阳、司马两位先生的的牢骚显然都是针对节度使们提出的。然而过度的疼痛容易令人麻痹，想不起来受伤前的美好，节度使制度对于唐朝来说便是如此。一场伤筋动骨的安史之乱令大多数人忘记了节度使们曾经给大唐王朝带来的好处。

在唐朝初年出版的魔幻主义小说《广异记》里记载了一个名叫张守珪的人，说张守珪年轻的时候驻守玉门关，遇上了一位西域的和尚，和尚给他算命说张守珪官气很重，日后必当大官。几年之后，张守珪在一次寡不敌众的战争中突然被从天而降的汉朝李广大军所救，再后来他果然当上了幽州节度使、御史大夫。

李广搭救张守珪，这无疑是个关公战秦琼的魔幻故事。但唐朝历史上确实有个在任五年的幽州节度使名叫张守珪。文学作品虽然不一定真实考究，但可以体现当时人们的普世价值和思维方式。通过《广异记》里张守珪的故事我们不难看出来，唐朝的节度使曾经是个"天命所归"的传奇角色。

卓歇图　唐　胡瓌　北京故宫博物院藏

而在真实的历史当中，张守珪的确是个优秀的幽州节度使。

幽州的两个邻居——契丹和奚族。他们素质不高连年挑衅，今天砸两块玻璃，明天抢点东西；今天俯首称臣，明天就造反叛乱。然而流氓不可怕，就怕流氓有文化，话说契丹有一位将领叫可突干，就是个"骁勇且有谋略"的流氓。

一开始可突干在族里的人缘好，因此契丹首领李娑固想除掉他，"小可"感觉到了杀机，先出手把领导打跑了。契丹王李娑固逃到营州投靠唐朝的都督许钦澹，"小可"连带老许一起打。最终李娑固被杀，老许带着部队逃到了榆关。"小可"一边拥立新领导，一边跟唐玄宗道歉，估计那意思是："我不该连你的人一块打。"玄宗为了维护社会和谐，承认了新的契丹首领李郁于，把自己的外甥女——燕郡公主嫁给了他，随后，唐玄宗给可突干升职为将军，还亲自带他到并州公费旅游，如今看来也算是仁至义尽。

然而李郁于命短，当上契丹首领三年之后就去世了。他的弟弟李吐于继承了王位，同时还继承了一件珍贵的遗产——嫂子燕郡公主。这不是乱伦，而是少数民族特殊的伦理习俗。清朝初年那段多尔衮与大玉儿的绯闻，便是以这种"兄亡收嫂"的习俗作为理论基础。但李吐于能替哥哥当老公，却不能替哥哥当首领，至少可突干不拥护他。李吐于也无心王位，带着二手媳妇跑到长安定居，当起了老李家的上门女婿。然而契丹这边不能没有领导人啊，于是可突干又另立新君——李邵固。李邵固让可突干到长安送礼，小可对长安的接待水平不满意，回国之后杀了李邵固，带着一票奚族小弟们投奔突厥去了。

由此可见，可突干的忠诚度低到了冰点，换老大就跟闹着玩似的。

爱折腾的可突干让前两任幽州节度使头疼不已。直到张守珪上任，屡次主动出击，频频获胜。可突干这下害怕了，于是流氓又玩起了文化那一套，开始"诈降"。但张守珪却知道：一个人的往事可以看出一个人的本质，比如"狗改不了吃屎"，又比如"可突干改不了背叛"。于是张守珪表面上派人去谈判，实际上深入契丹内部，借他人之手杀了可突干，给唐王朝除去了一个心头大患。

故事讲到这儿，幽州节度使张守珪只是唐朝十节度使之一，我们很容易计算出这个群体为唐王朝解决了多少"邻里纠纷"，消除了多少不安定因素，对大唐盛世做出了多少不可磨灭的贡献。然而一个异类的出现足以令一个行业蒙羞，比如打人的城管、造假的记者以及造反的安禄山。

鲜为人知的是，张守珪是安禄山的干爹，也是安禄山和史思明的知遇之人。

## 安禄山：让盛世拐个弯

其实历史并不复杂，只有两张面孔，一面是盛世，一面是死尸。安禄山，就是那个让大唐江山瞬间变脸的人。

安禄山的祖籍是今天的辽宁朝阳，唐朝那会儿叫营州。他原本不姓安，而姓亚历山大，翻译成中文则姓"康"，名叫"阿荦山"，是战斗的意思，所以"安禄山"的本名的应该叫"康战斗"。"战斗"小朋友的爸爸是个胡人，在他很小的时候就去世了，妈妈是个突厥族的巫婆，后来改嫁给了一个姓安的人。开元初年部落衰败，康战斗和族里的几个同龄人逃离了突厥，从此以"安禄山"为名。

话说安禄山三十岁之前在边境干贸易中介工作，会九个民族的语言。三十岁那年（公元732年）弃商从武，不到四年（公元736年）就在老家辽宁朝阳当上了平卢将军，参军的第十个年头（公元742年）就当上了平卢节度使，两年之后（公元744年）成了幽州节度使。一个屌丝青年，是怎么做到平步青云的呢？

总结几点经验如下，首先是"会说"。

史料上透露了一个细节：话说有一次安禄山偷羊，遭到了幽州节度使张守珪部队的群殴。安禄山说了一句话，张守珪立马叫人停了手，说什么了呢？大概意思是说：你有工夫为什么不去剿灭奚族、契丹，而要来杀我这样的勇士？

安禄山的这句"吐槽"令张守珪刮目相看，于是他让安禄山、史思明当侦察兵，负责活捉契丹人。结果工作成绩显著，每次都能以少胜多，擒获不少俘虏。后来张守珪一手提拔安禄山，还认他当了干儿子。

安禄山的会说不仅体现在"吐槽"上，他还是个很好的编剧。天宝二年（公元743年）安禄山到宫里跟唐玄宗汇报工作的时候编了个故事："营州出现了害虫，于是他向老天爷祈祷'如果我对皇帝不忠，就让虫子吃了我的心。如果我是忠心的，就让虫子赶紧散了吧。'话音刚落就天降神鸟，把虫子吃了个精光。"安禄山无知地讲，唐玄宗天真地听，可谓情投意合。

除了讲故事之外，安禄山还善于"自嘲"。他曾经在宴会上跟唐玄宗说：我是低贱的藩镇军人，受到的恩宠已经过多了，我没什么才能，只剩下这条命可以献给皇帝。

安禄山大腹便便，唐玄宗问他肚子里装的什么？他说：什么都没有，全是赤胆忠心。

然而如果仅仅是"会说"，安禄山顶多是个宠臣，却不一定能成大

虢国夫人游春图（局部）　唐　张萱　辽宁省博物馆藏

事。关键在于他的第二个特长："懂事"。

对于熟谙官场规则的人来说，"懂事"是个复合型的技能，需要一事一议，随机应变。安禄山首先懂的是同行的心思：凡是有利用价值的同事，或者是上边派下来的考察团，安禄山都不惜重金贿赂，因此人人都在唐玄宗面前说他的好话。其次安禄山懂得领导的心思：他比杨贵妃大十八岁，唐玄宗让他们以兄妹相称，安禄山却要给杨贵妃当干儿子。他看出来杨贵妃受宠，于是每次觐见都先拜贵妃再拜玄宗，美其名曰：按照我们少数民族的规矩，都要先拜母亲，后拜父亲。除此之外，安禄山还懂得官场规律：他很会装傻充愣，宰相李林甫怕文武兼备的人抢了自己的位置，于是极力推荐看起来很傻很天真的安禄山镇守边关，使唐玄宗对他更加看重。

不仅如此，安禄山在宫里安插了眼线，既能掌握皇帝的情绪态度，又能在关键时刻替他美言。然而光来虚的显然不行，各种奇珍异宝、飞禽走兽被不断送到唐玄宗面前，忙坏了各地的物流系统，却把皇帝哄得不亦乐乎。

一个单位的一把手一旦有了鲜明的个人喜好，便会成为管理上的低能儿，做出很多匪夷所思的事。相传安禄山的十二个儿子都由唐玄宗亲自起名，就在他为起兵造反做准备的时候，唐玄宗还在长安为他修豪宅。安禄山乔迁新居的时候唐玄宗正在打马球，他为此叫停了比赛，带着宰相大臣们一起去给安禄山祝贺。

这些事儿如果发生在今天，我们一定会怀疑唐玄宗和安禄山是一对"好基友"。但本着尊重历史的态度，我们应该试着理解一下唐玄宗。这位国家领导人一直在为两件事而努力：玉环"happy"，四海归一。安禄山是唯一一个有能力也有愿望帮他实现这两大理想的人，至少唐玄宗一厢情愿地这样认为着。

就在"安史之乱"爆发的前一年，也就是公元754年，有人举报安禄山有谋反之心，但唐玄宗并不相信。因为举报人的身份有点特殊。

第一个举报人是杨国忠。

身为宰相的杨国忠一度讨好笼络安禄山，每次安禄山到长安，杨国忠

下编 / 刘济的那些垫脚石

《华清出浴图》
清　康涛
天津市博物馆藏副本

都和杨贵妃一起远接近迎。但安禄山却更惧怕老谋深算的李林甫，所以对杨国忠不太重视，杨国忠记恨在心，因此多次举报安禄山。

第二个举报人是皇太子。

话说安禄山仗着唐玄宗和杨贵妃的宠幸，平日并不把皇太子夹在眼里，见到太子也不行礼。唐玄宗问他为何，安禄山装傻充愣说："我们少数民族学识浅薄，只知道有皇帝，不知道皇太子是什么官。"

朝堂之上潜在的矛盾体，让唐玄宗难以辨认举报信息的真与假。但领导的戒心大都多于常人，此时的安禄山已经兼任三个藩镇的节度使，他所控制的三镇兵力多达十九万，占边疆兵力的百分之四十，全国兵力的三分之一，不得不防。于是在杨国忠的建议之下，唐玄宗决定招安禄山到宫里"谈心"。然而当大伙儿都以为安禄山做贼心虚不敢进宫的时候，他却以一副心底无私天地宽的状态站在了唐玄宗面前，哭诉杨国忠等人对他的嫉恨和诬陷。从此以后，君臣之间那一点点戒备彻底消除了，谁再敢告安禄山的黑状，都交由被告人亲自处置，以至于"皆知其将反，无敢言者"，都知道安禄山要造反，却没人敢说了。

此时此刻，大唐王朝的盛世之舵也打满了轮，即将拐个大大的弯。

## 王忠嗣：好榜样还是坏典型

安史之乱的时候唐玄宗刚好七十岁，这个一手打造了"开元盛世"的皇帝最终晚节不保，背负着"宠幸杨贵妃"、"偏信杨国忠、李林甫"、"重用安禄山"的罪名黯然谢幕。唐朝中期的宰相杜佑曾经对安史之乱发表过评论，大概意思是说："安禄山造反并不是他蓄谋已久的本意。而是因为他身居要位，手握重兵，换个人也得造反。"

权力大就得造反吗？安禄山有没有别的路可以选呢？有人给他做出了一个榜样。

安禄山并不是第一个被唐玄宗委以重任的人，在他之前有个叫王忠嗣的人身兼四镇节度使，虽然不包括幽州，但却与安禄山有着相似之处。他曾经手握兵力将近二十七万人，掌控了全国一半的兵力。有一次在安禄山的要求之下，王忠嗣率领部队支援他打仗，而安禄山的真正目的在于兼并他的部队。王忠嗣识破安禄山的诡计之后，没跟安禄山打招呼就带着队伍提前逃回了大本营——"先期而往，不见禄山而还"。王忠嗣不仅主意正，还是个管理人才，不断地发掘后备力量，在王忠嗣引咎辞职之后，唐玄宗最后选定的王忠嗣接班人还是王忠嗣当年从民间发掘出来的。这样一个人如果起兵造反，或许更容易成事。但王忠嗣是个忠臣，原本应该给安禄山做个好榜样，但结果却适得其反。

话说唐玄宗上了年纪之后，宰相李林甫在朝堂之上一手遮天，小心眼的人一旦掌权便后患无穷，李林甫就是这么一个人。他嫉妒王忠嗣，诬陷他"欲奉太子"，就是要支持太子当皇帝。唐玄宗李隆基信以为真，对王忠嗣施以极刑，最终发配到今天的湖北当了个"省委书记"。对于王忠嗣这样一个人来说，官场上的起起伏伏并不重要，重要的是被冤枉之后的憋屈。一年之后，王忠嗣得了一种官场上的流行病——抑郁症并发症——抑郁而终，享年只有四十五岁。

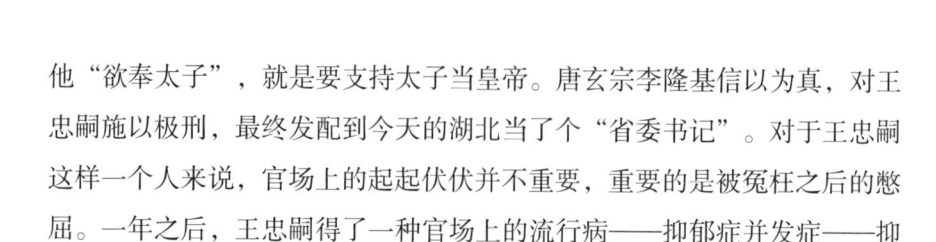

全国人民都把这件事儿看在眼里，包括安禄山，他或许意识到了自己跟王忠嗣有太多的相似之处。那一次玄宗请他到长安"谈心"，让安禄山心有余悸，如果当时杨国忠和皇太子再逼一步，要求把安禄山扣留在长安，恐怕他早就被"双规"了。好不容易能全身而退，他无论如何也不能再坐以待毙，只能造反。

今天我们不难发现，晚年的唐玄宗一直在钢丝上行走。开疆辟土的愿望和大唐盛世的繁华让他忽略了政治的风险系数。全国大量的精兵强将都被派往边疆，唐王朝形成了外强中虚的局面，当军权财权覆水难收的时候，国家的稳定全靠节度使们的觉悟，这显然不靠谱，所以王忠嗣没反，是个偶然，安禄山反了，是个必然。

公元756年，唐玄宗在位的最后一个春节过得很糟心。年根儿底下——755年十一月初九，安禄山假传圣旨，以进宫讨伐杨国忠为名在幽州北京发动起义。安史之乱犹如被点着的爆竹焾火迅速绵延，很快引爆了正红火的大唐王朝。公元756年，安禄山攻陷长安、洛阳，随着一场众所周知的马嵬坡之变，玄宗李隆基逃到四川养老去了。退了一个唐玄宗，上来两位新皇帝。太子李亨登基是为唐肃宗，年号至德。与此同时，至德元年正月初一安禄山在洛阳称帝，国号"大燕"，改元"圣武元年"。

安禄山的出现与其说是颠倒乾坤的捣蛋鬼，不如说是"盛极而衰"的助推器。

## 家庭暴力要不得　贪婪是种传染病

家庭暴力，在今天看来轻则影响家庭和睦，重则触犯法律法规。但对于安禄山来说，家庭暴力背后潜在的危机更加凶险。

话说安禄山眼睛不好，登基之后几乎双目失明。性格暴躁的他经常打骂身边的工作人员，受害最深的三个人分别是他的"工作秘书"严庄、"生活秘书"李猪儿以及亲生儿子安庆绪。常年的家庭暴力使这三个人对安禄山心怀怨恨，决定杀而后快。

相传安禄山重度肥胖，自己连衣服都穿不上，每次都得由生活秘书伺候着。太监李猪儿正是借着给安禄山穿衣服的机会捅了他一刀，守在门外的安庆绪和严庄都没来得及执行第二套方案，五十五岁的安禄山就这么糊里糊涂地死了，这一天距离他当皇帝刚刚一年零五天。

安禄山被杀之后，安庆绪以太子的身份登基称帝，改年号为载初。故事讲到这儿，这安史之乱让安家父子唱了半天主角儿，老史同志这会儿在哪儿呢？

如果我们给"安史之乱"这部历史大剧设计一个演职人员名单的话，无论是按照出场顺序，还是戏份大小，史思明恐怕都得排在安禄山后边。但是对于今天的北京人来说，史思明的形象或许更具象、更真实。

北京自从成为帝都的那天起，城市格局就陷入了"圈圈"之中，无论是今天一环套一环的高架桥，还是古代一圈又一圈的城墙，不同身份的人们分别在属于自己的圈儿里生存着。帝王选择陵寝，大都是从自己活腻歪的圈子祸害到别人活腻歪的圈子,所以明朝皇帝陵在昌平,清朝皇帝陵在河北。但对于普通百姓来说,能在村子附近有个家族墓地已属难得,是大族富户才有的实力。因此今天的三环以外,分布着诸多以"坟"命名的地方,用家族的姓氏冠名,位于丰台区王佐营乡的林家坟便是其中之一。

然而林家人一定不曾想到,自家的墓地上竟然长眠着一位陌生人。

话说林家坟往西不到一百米曾经有一个大土堆,当地人俗称"大疙瘩",百姓常年从大疙瘩上取土,久而久之竟然露出了汉白玉的石条石块。1966年春天,铜牛、马镫相继被发现,考古学家初步推断这是一座古墓。然而随着一件关键随葬品的出现,人们意识到这座大墓的主人非同凡响。这件随葬品如今被收藏在首都博物馆里,并没有在展线上展出。我们在拍摄相关节目的过程中有幸见到了它们,几块窄长条的石片上写着文字,这就是传说中的"玉册"和"哀册"。

玉册,类似于皇帝的聘书,而哀册则相当于写给皇帝、后妃们的悼词。这两件东西的出现证明丰台区王佐乡林家坟的"大疙瘩"是一座帝陵。不仅如此,几个关键字让墓主人的身份很快真相大白。哀册上写着

哀册　首都博物馆藏

"帝朝义孝乃因亲惟"，这位叫"朝义"的皇帝是谁呢？正是史思明的儿子史朝义。然而我们知道没有人可以给自己写悼词，墓主人不是史朝义，而是"帝朝义"的父亲——史思明。

在安庆绪杀父夺位的故事之后，再说到老史家儿子给爸爸写悼词，或许有人会期待一场"父慈子孝"的历史剧即将拉开帷幕。但很抱歉，历史这位编剧的思路缺乏创意，老史家和老安家的命运几乎如出一辙。在史思明墓的玉册上还写着这么几个字：昭武皇帝崩于洛阳宫玉芝。考古学家在根据这几个字推测墓主人身份的过程中，向我们揭露了一个残酷的事实：史料记载，史思明被长子史朝义所杀，马革裹尸运回了洛阳。而玉册上所写的"崩于洛阳宫玉芝"指的就是洛阳的玉芝殿，由此也可以佐证墓主人就是史思明。

然而史思明留给我们的不仅仅是一座古墓和几片玉册，除了当年盗墓者留下的瓷器、铜器、石雕之外，还有一个完整的头盖骨。经过专业检测最终断定，头盖骨是一位五六十岁的男性，而史思明去世的时候刚好是这个年龄，按照《新唐书·逆臣传》里的说法："不足六十岁。"

那么故事讲到这儿，洛阳那边安庆绪杀了安禄山之后自己继承了皇位，北京这边史朝义杀了史思明自称皇帝，您或许听起来有点乱，但实际上这只是个螳螂捕蝉黄雀在后的俗套桥段而已。

话说安禄山发动政变，直接插入大唐的心脏——长安、洛阳。这会儿谁在幽州大本营给他看家呢？正是史思明。史思明是安禄山的老乡，俩人都是突厥人，也是穿开裆裤一起长大的发小儿，相传俩人的生日只差一天。他们俩一起长大、一起参军、一起升官，"安史"这两个字注定被捆绑在一起改变历史。

除了相似的成长经历之外，还有相似的特长，比如口才和心机。

相传有一次史思明糊里糊涂闯进了奚族人的地盘，成了俘虏。您知道他是怎么翻盘的吗？首先史思明撒谎说是唐朝派来的和亲使臣，奚王对大唐又怕又恨又羡慕，看着"唐老大"主动伸出了橄榄枝，自然不敢慢待。

于是史思明一夜之间从俘虏变成了贵宾。但这还不是故事的结局,在史思明的建议下,奚王派出一位著名将领和三百士兵跟随史思明去朝拜大唐皇帝。走到平卢,也就是今天辽宁朝阳的时候,史思明跟当地的守将说:这帮奚人是来偷袭你们的。平卢的守军将领一听就火了,分分钟就消灭了奚族的300士兵,只剩下一个将领被史思明带回了幽州,他向当时的幽州卢龙节度使张守珪谎称自己俘虏了奚族大将,很快就得到了赞赏和提拔。

安禄山发动政变之后,让史思明替代他成了幽州节度使。这时候的幽州不仅是个军事重镇,还是安禄山的"小金库",他把多年来积累的财富都留在了幽州。

贪婪是一种传染病,安禄山传染给了儿子安庆绪的同时,也传给了自己的老伙伴——史思明,史思明在幽州作威作福,不客气地享受着老哥俩一起打下的半壁江山。然而醉生梦死不是史思明的终极理想,早在安禄山被儿子安庆绪害死之后,史思明就起了反心。小安同学没明白,老史和老安的合作更多的是基于兄弟之情,而非君臣之礼。这种狗血桥段被港台的豪门恩怨剧借鉴了一遍又一遍,结局我们也可想而知。小安称帝之后,对老史的工作态度非常不满,更怕他霸占自己的家业和江山,因此一直琢磨着怎么除掉这个不听话的"史叔叔"。而史思明则向我们证明:姜还是老的辣。

史思明并没有和安庆绪直接硬碰硬,而是给唐王写了封"检查",大概意思是:"我错了,我愿意带着十三个州郡和十三万兵力归降大唐。"当时的国家领导人唐肃宗就像一个遭遇丈夫出轨的深宫怨妇,看到史思明回心转意非常欣慰。他给史思明封了个"归义王",还让他继续当幽州节度使,同时大包大揽了史家七个儿子的工作问题。

史思明得到了唐王的支持,不断地扩大着地盘和军队。然而唐肃宗很快就发现史思明并不是真心归降,于是派人潜伏到他的军营里去做"策反"工作,结果被史思明发现。恼羞成怒的史思明决定提前发动二次政变。相传一个跟了他三十多年的参谋奉劝他别再造反,结果被史思明一棍子打碎了脑袋。

这边史思明翻脸比翻书还快，那边小安安庆绪也面临着危机。史思明二次造反称帝之后，老史和小安又成了一个战壕里的同盟。史思明一度对弹尽粮绝的安庆绪施以援手，但安庆绪刚缓过劲儿来就不再买史思明的帐。于是史思明在内心深处做了个决定。

他一边安抚安庆绪，要和他免去君臣之礼并以兄弟相称。您别忘了，史思明只比安禄山小一天，论辈分他是安庆绪的叔叔。然而安庆绪忽略了这种"低姿态"中潜藏的危机。当他兴致勃勃地去跟史思明歃血为盟的时候，却被赐死。安史之乱，自此彻底结束了"安之乱"的时代。

关于安史之乱的"史"，有人认为是史思明，也有人认为是史思明和史朝义。史朝义，就是史思明的长子。

对于史思明来说，爱民如子不容易，但爱子如民却是一出溜就能办到的事儿。史思明手下的部队是出了名的残暴，每到一处老弱男丁一律处死，女的强奸，男的充军。他对待自己的儿子史朝义也不手软。话说有一次史思明攻克陕州不利，退到永宁。他让儿子史朝义率领士兵在一个月之内修筑城墙用来储备粮食，到期巡查的时候，史思明发现城墙修好了，却没来得及给外墙抹泥。他当场暴怒，要杀了史朝义、骆悦几位大将，最终放下狠话：等我攻下陕州，再弄死你们。

大伙都了解史思明的脾气，知道他这话不是说笑，再加上最近打了几场败仗，难逃一死。于是骆悦等人请求史朝义篡位登基、取而代之，否则大伙儿就投奔唐朝，不跟他混了。史思明思索再三，终于下了动手的决心。

其实史朝义的心结并不仅仅在于这一次修城墙事件。大到一个国家，小到一个家庭，最可怕的动荡往往源自细节之处的"不公"。史朝义排行老大，屡立战功。而史思明却偏向小儿子史朝清，每个人都清楚幽州的重要性和象征意义，而史思明造反的时候让小儿子镇守幽州大本营，已经流露出了"立幼不立长"的储君倾向。不仅如此，史思明曾经亲口跟周围的亲信说过，想要杀死史朝义，让小儿子史朝清继位。

话说史思明因为城墙抹泥问题发火的当天晚上，骆悦等人把这位残暴的老领导堵在了厕所里，但并没有杀他，只是绑架之后伪造了诏书，宣布史朝义继位。绑而不杀，是史朝义的意思。可以看出小史同志还是个有情有义的儿子，骆悦复命的时候他一再追问是否伤了人。然而当小史还抱着"有话好好说"的愿望的时候，将领们却担心这位残暴的老上司东山再起杀个回马枪，于是背着史朝义，找个机会勒死了史思明。

如今看来，无论是安禄山还是史思明，幽州节度使的儿子们个个都是人才，却最终都成了杀父篡位的"逆子"。"幽州节度使"犹如一个被施了魔咒的位份，充满了诱惑，又埋伏着灾难。

然而无论是安庆绪还是史朝义，儿子们学会了老子们的强势与野心，却没来得及学会世故和圆滑。"安史之乱"爆发的第七个年头，史朝义在节节败退、众叛亲离的情况下上吊自杀，为大唐王朝的噩梦画上了一个句号，但幽州节度使的传奇，却因此翻开了一个新的篇章。

从安史之乱结束的宝应元年（公元762年）到刘济担任幽州节度使的贞元元年（公元785年），中间隔了23年，领导人换了三任——唐肃宗、唐代宗、唐德宗，这二十多年间发生了什么？前人又给刘济铺了一条什么样的路呢？

## 继承人：不能探讨的问题

史朝义的败与死固然与时局和个人能力有关，但更重要的是合伙人们的忠诚度不够高。在抗衡的过程中不少大将都投奔了唐朝，为了笼络这些"墙头草"，唐朝设置了三个藩镇，分别用来安抚史朝义的三位老下属：李怀仙为幽州卢龙节度使、张忠志被赐名"李宝臣"为成德节度使、田承嗣为魏博节度使。因为这三个藩镇都位于唐朝的河北，所以并称"河北三镇"。

然而就在十几年之后，德宗刚继位，藩镇又闹事了。话说河北三镇形成之后，节度使们名义上是大唐的员工，但实际上各自为政，继承人的产生方式既不是上级委派也不是民主选举，而是由儿子侄子们继承，或者谁厉害谁上，也就是武力夺权。比如代宗大历三年（768年），幽州卢龙节度使李怀仙就被属下朱希彩、朱泚、朱滔所杀，三个人都姓朱，但并不是一家人。朱泚朱滔是兄弟俩，他们跟朱希彩只是同事关系。话说李怀仙殉职之后，朱希彩自己要求上位，朝廷不敢干涉。随后，朱希彩同样被部下所杀，朱泚经过内部选举成了新一任幽州卢龙节度使，朝廷同样默许，而且下了文件予以确认，没过多久，朱滔又接掌了哥哥朱泚的大权。

大历十四年（公元779年），魏博节度使田承嗣去世，侄子田悦继位，代宗也认了。但是到了唐德宗走马上任的时候，成德节度使李宝臣也去世了，他儿子李惟岳要求继位，没成想这回德宗行使了否决权，言外之意：不能再让你们这么各自为政下去了。

但如今想来，河北三镇之中，造反的、旁支的都顺利地完成了权力过渡，到了成德节度使这儿，人家亲儿子反而不让继承了，难怪李惟岳要因此造反。话说德宗建中二年（公元781年），李惟岳、田悦两位"节二代"联合几个同行起兵造反，想要夺回"继承自主权"。

值得一提的是，当时的幽州卢龙节度使朱滔站在朝廷一边，起初是讨伐大军。但是没过多久，朱滔对朝廷的奖金额度不满，一翻脸也

男侍从图　唐　杨眘　杨瑾　陕西唐李重润墓壁画

成了叛军，同时这项造反活动的发起人李惟岳死在了部下王武俊手里。因此等到德宗认怂写检查的时候，河北三镇的一把手已经发生了变化，分别是：幽州卢龙节度使朱滔、成德节度使王武俊、魏博节度使田悦。

其中朱滔有个表弟叫刘怦，刘怦有个儿子叫刘济。故事讲到这儿您明白了吗？以上那些或生或死、或忠或奸的节度使们，都成了刘济的垫脚石，把节度使的权力推上了顶峰，同时河北三镇也恢复了平静。然而刘济顶着"最听话节度使"的光环，也没过上几天安生的日子。

故事讲到这儿，刘济在幽州北京当了二十多年的节度使，除了一座大墓，还有没有其他的遗迹呢？

# 刘济在京遗迹

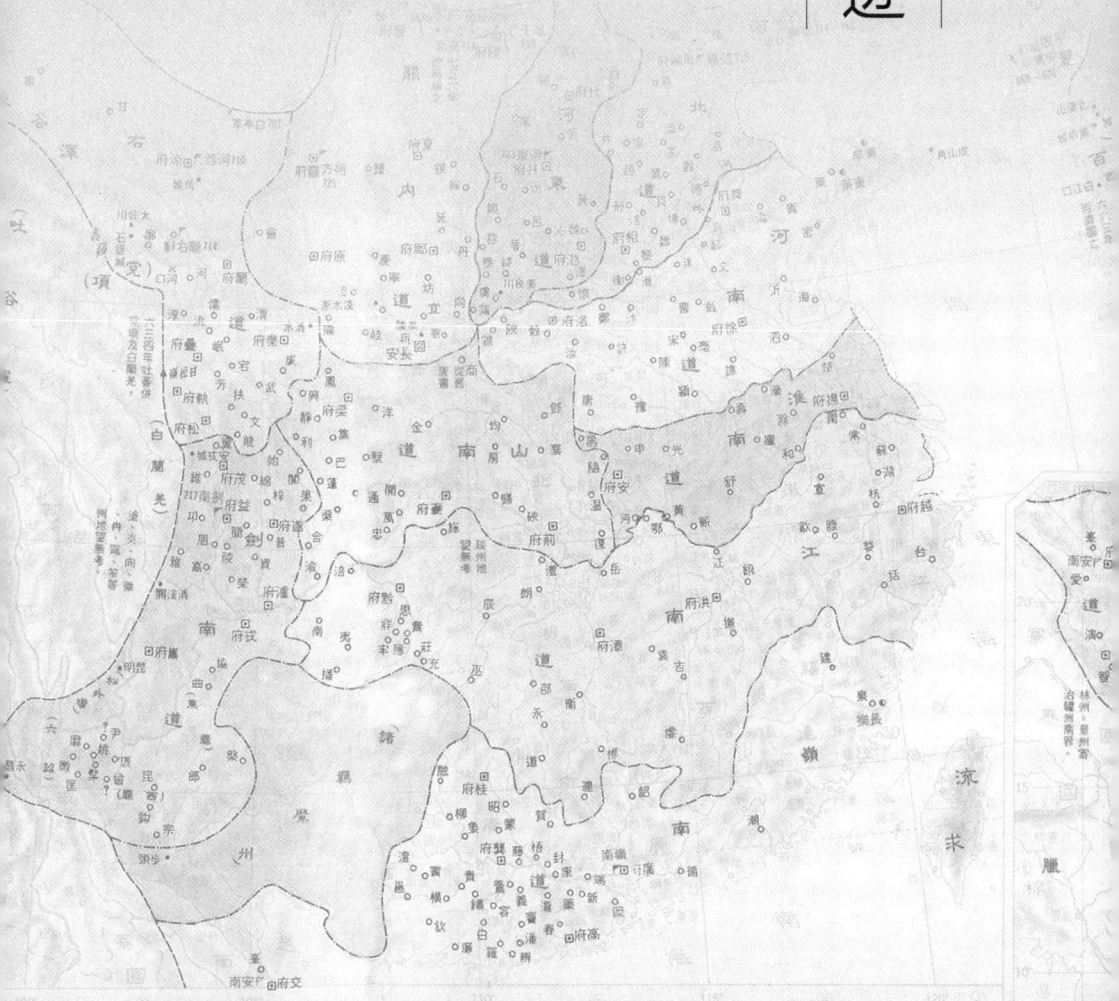

## 史料存疑：是"贞观"还是"贞元"

北京是一座历史悠久又飞速发展的城市，旧城版图投影在新型的城市格局上，便出现了一个个名字古老、建筑现代的地标。比如西二环上有一座立交桥叫做白纸坊桥，桥下往东第三个路口便可以找到这个名字的源头——白纸坊胡同。从明朝开始，这就是个造纸作坊扎堆的地方，所以叫"白纸坊"。清末民初白纸坊建起了第一座官办印钞厂，难得的是一直沿用到了今天，演变成了北京印钞厂。我们曾经走访过北京市非物质文化遗产"白纸坊太狮"的传承人，他们竟然就是印钞厂的员工。

如今白纸坊胡同的最北头坐落着白纸坊小学，或许很少有人知道，这地方是北京最资深的文物古迹之一——唐代寺庙崇效寺的遗址。在北京出门认路有个窍门，记住故事便不会走丢。如今白纸坊小学门前的胡同因为崇效寺而得名"崇效胡同"。小学西边的枣林西街，则是因为明朝的时候崇效寺里种着上千棵枣树而得名。

再往早了说，崇效寺原本不是寺庙而是一座私宅，据《桃花圣解庵日记》记载，崇效寺是贞观元年（公元627年）"幽州卢龙节度使刘济舍宅所建"。"舍宅"，就是捐出自家的私宅。

对于现代北京人来说，苦干一年买不起一个卫生间，把二环以里的宅子捐出去建成寺庙，或许是件令人难以置信的事。但对于古代的社会名流来说，舍宅为寺是件很上档次的事，这不仅证明你有足够的财富，还有坚定的信仰以及舍小家为大家的奉献精神。

现代北京地图

　　据《新唐书》记载，刘济是土生土长的北京官二代，他出生的时候，父亲刘怦正是当时的幽州节度使朱滔手下的一员大将。历史经验时刻提醒我们舆论的重要性，每一个历史伟人几乎都有一段无从查证的传奇往事，刘济也不例外。相传刘济出生的时候母亲难产，呱呱坠地之后竟然是一条黑蛇。接下来这传说故事便断了片儿，只交代说刘济长大以后异常聪明，四处游学，考中了进士，担任过莫州刺史。莫州指的就是今天河北任丘市北边的鄚州镇，名医扁鹊的老家，自古就是通往北京的交通要道。那

刘济故居（崇效寺）位置

么"刺史"是个什么官职呢？这是一个在汉代初年开始出现的官职。刺，有"刺探"的意思，"刺史"原本相当于当地的纪检书记，但是唐宋时期权力扩大，角色逐渐更接近现在地级市的"市委书记"。

按照《桃花圣解庵日记》记载"幽州卢龙节度使刘济舍宅所建"，从刘济的名字和幽州卢龙节度使这个职位来看，崇效寺的主人和房山长沟大墓的墓主人应该是一个人。但是我们却发现了一个问题：刘济生于公元757年，而贞观元年指的是唐太宗执政的第一年，也就是公元627年，这前后差着一百多年，刘济还没出生的时候，怎么可能舍宅为寺呢？这《桃花圣解庵日记》的记载到底靠不靠谱呢？

我们发现唐朝还有一个与"贞观"谐音的"贞元"年号。贞元元年，也就是公元785年，是唐德宗李适登基的年头，也是刘济的父亲刘怦走马上任当上幽州卢龙节度使的时间，更巧合的是，刘怦当上节度使仅仅三个月就去世了，也就是说，贞元元年也是刘济子承父业当上节度使的那一年。当时刘济28岁，是个"完全行为能力人"，又手握军政大权，无论是表忠心还是尽孝心，亦或是感恩还愿、舍宅为寺都是情理之中的事。如此看来，这一千多年来人们会不会把"贞元"错记成了"贞观"呢？

《桃花圣解庵日记》的作者是晚清著名的文史学家李慈铭，古代的官方出版物尚有漏洞可循，更何况是一本文人日记，况且是清朝人写唐朝人的事儿，一千多年的代沟也难免出错。

话说到这儿，别看现在的崇效寺在西二环内，寸土寸金，唐代的幽州城和今天的旧城格局并不在一个位置上，当年的崇效寺究竟地理位置好不好，"官二代"刘济有没有可能在这儿置办房产呢？

## 刘济故居　白纸坊小学

网上有人调侃北京的居住现状：二环住着说外语的，三环住着说山西话的，四环住着南腔北调的，五环住着说北京话的。不管这种概括是否准确，至少说明住房位置成了人们衡量生活水平、社会地位的一种硬指标。那么如果我们把今天白纸坊崇效寺的刘济故居还原到唐代幽州城的版图上，这地理位置到底算不算好呢？

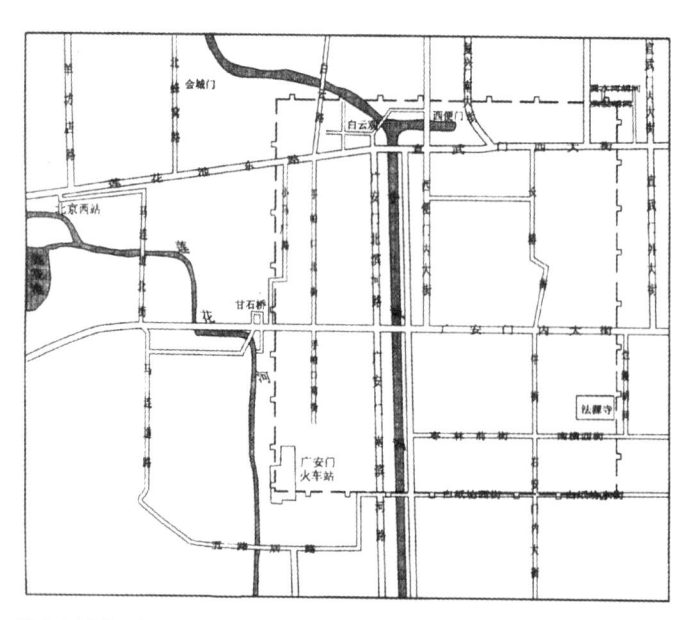

隋唐幽州城示意图

幽州城的地上建筑已经荡然无存，但埋在古墓里的墓志铭上，除了记载着墓主人的生平事迹之外，还描述出了墓地距离幽州城的准确位置，因此考古学者通过九块墓志铭推测出了当年唐代幽州城的范围：东城墙在今天西城区菜市口烂缦胡同与法源寺之间的南北一线；西城墙在今天西城区白云观附近的小马厂、甘石桥东侧的南北一线；南城墙在今白纸坊东、西街一线；北城墙在今西城区头发胡同和白云观以西土城台的东西一线。由此可见，白纸坊胡同北口的刘济故居——崇效寺位于唐代幽州城的南城墙根。从地段上来看，相当于现在崇文门内大街附近，显然符合现代人对黄金地段的定义。

刘济虽然家住南城，但工作重心却一直"向北方"。

在今天北京西北的延庆县张山营镇东门营村北幽静的峡谷中，大老远就能看到一面山崖上人工开凿出的大大小小的山洞。山洞并不大，一米六以上的人在里边穿梭需要低头哈腰。但是从洞穴的内部结构来看，有灶台、有烟囱，甚至还有套间和跃层，俨然是一栋住宅楼的构造。究竟是谁，住在这样结构复杂，却又空间低矮的房间里呢？

话说唐朝末年，北方一支古老的少数民族部落——奚族的势力日渐强大，经常进犯幽州城，让刚刚上任不久的幽州卢龙节度使的刘济不胜其烦。"时势造英雄"还是"英雄造时势"？犹如"先有鸡还是先有蛋"的问题一样难下定论。奚族的频繁贱招儿给刘济带来了不少麻烦，却也给他创造了建功立业的条件。在《新唐书》的《刘济传》里就记录了这么一段工作业绩，说刘济"整装出击，将奚军击败，穷追千余里，至青都山，斩首二万级"。后来逃跑的奚族杀了个回马枪，又被刘济毫不留情地打跑了。

其实一直以来奚族都是墙头草，谁实力强就依附谁。唐朝末年的时候眼看着契丹族越来越强大，奚族以为抱上了大腿找到了靠山，全部投靠契丹。谁承想，同是少数民族却也有种族歧视。契丹族人对奚族小弟们不仅要求苛刻，而且还加以虐待。最终跟错了老大的奚族人只好在头领去诸的率领下转而投奔了唐朝，在妫川安家落户。妫川，就是今天的延庆县，所

延庆县古崖居

以考古学家们推测，古崖居正是奚族去诸部落开发的居住小区，而且一住就是三十多年，直到辽、金、元时期还有人类生活过的痕迹。

刘济的幽州卢龙节度使当得不容易。别看现在的北京是个文化古都，早在唐朝幽州这地界儿跟少数民族聚集区接壤，胡汉错居，普遍文化水平不高。《汉书·地理志》上说幽州人"其俗愚悍少虑，轻薄无威"，意思就是头脑简单、四肢发达，没上没下、没大没小、没工夫讲理，不服就打你。刘济的管片儿上内部不稳定，外部也不安生，北边有少数民族时不时地挑逗闹心，南边有其他的藩镇惦记着他的地盘，东边是大海，只有西边接壤的河东地区在唐中央的控制范围之内。那么话说到这儿，北京是内陆城市，刘济的地盘怎么会东边临海呢？

## 面朝大海　春暖花开

刘济是幽州卢龙节度使，咱们都知道幽州指的就是今天的北京，那么"东边是大海"，指的又是哪片海呢？

原来幽州卢龙节度使的责任区除了幽州之外，还有涿、蓟、瀛、莫、檀、妫、营、平等九州之地。按照今天的地理范围来说，包括北京、天津、河北保定、河北沧州等地，往北可以到达内蒙古，东北方向直达辽宁朝阳。因此所谓的"东边临海"指的就是渤海。

那么这"卢龙"又是什么意思呢？在今天的京沈高速上有个地名就叫"卢龙"，属于河北境内，早在唐朝的时候这地方叫平州，驻扎着卢龙军，当年军队的顶头上司就是刘济。也就是说，幽州代表刘济的地盘，卢龙代表刘济的军权。其实"幽州卢龙节度使"只是刘济官职的简称，完整的叫法恐怕您一口气都读不下来，叫做："幽州卢龙节度支度营田观察，押奚、契丹两蕃经略卢龙军等使兼幽州大都督府长史"。

在直播过程中，人民大学历史学院院长刘后滨教授告诉我们：在唐朝的官员制度中，节度使并不是一个官职，而是一种差遣。节度使大都有自己的官职，比如安禄山就曾经身兼御史大夫。而刘济长达三十四个字的身份之中，涵盖了好几个身份。

营田，指的是国有耕地，奚和契丹是两个经常进犯幽州的少数民族，卢龙是北京的军号，幽州大都督府相当于北京市政府，从这个官职里我们便可以了解刘济工作的"责权利"，负责监督国有耕地的生产，抵御契丹、奚族的入侵，统帅卢龙军，兼任北京市长，可谓身兼数职，在幽州地面上一言九鼎，犹如土皇帝一般。

"节度使"本来应该由国家任命，但在大多数藩镇中要么采取"子承父业"的传承方式，要么就是民主选举拥立而成，总之皇帝对这事儿没什么发言权。虽说违反政策，但有利于和谐，朝廷便也不再深究。比如前边提到的河北三镇之一——成德镇，李家少爷为了继承官位，发动了"建中之变"，结果被王武俊"黄雀在后"了一回，从此成德镇先后被两个王氏家族统治了150多年。大都是父死子继，论资排辈。

但同为藩镇的幽州却是个暗藏杀机的地方，有唐一代29位幽州节度使中有16位是靠干架上位的，再加上没得逞的三位，一共19人次。在子承父业和弟承兄业的9位看似正常继位的节度使当中，还包含着不少儿子杀爹、兄弟相残的暴力事件。因此对于刘济来说，生他养他的幽州大地，却也是个暗藏杀机、如履薄冰的凶险之地。

在咱们今天看来，刘济的投胎技术非常了得。生于将帅之家，京城长安求学，一毕业就在自家的地盘——莫州弄了个相当于市长的实习机会。父亲刘怦一边帮着上司打天下，一边给儿子打基础。前任幽州卢龙节度使朱滔去世，刘怦接过大旗，却只过了道手，三个月之后就交给了儿子，一命归西找如来佛祖聊天去了。刘济的成长经历看起来是一路红地毯，其实也暗藏绊脚石。

刘济是家里的长子，他还有个弟弟叫刘澭。刘澭是个什么样的人呢？话说刘怦临终前留下遗命，把"节度使"的位子留给长子刘济。但那会儿刘济还在莫州上班，只有他同父异母的弟弟刘澭守在父亲身边。一边是远在郊区的哥哥，一边是死无对证的遗嘱，刘澭此时若是灵魂出个轨，历史很可能被改写。但刘澭挺讲究，把刘济叫了回来，如实地宣布了遗嘱。

刘济看到弟弟刘澭如此仗义便当即许诺：等我死了，这"节度使"的位置就是你的。此话一出，刘澭当了真。虽说大多数节度使都把位置留给长子，但刘济、刘澭的老爸刘怦就是从表弟朱滔手里接过的大权。人家表

调马图卷　五代　赵嵒　上海博物馆藏

兄弟尚能如此，更何况咱们是亲兄弟呢。

随后刘滩被调到瀛洲，也就是今天的河北省河间当市长——瀛洲刺史。我们有理由相信这个调动是充满了善意的。刘济的管片儿包含九个州，地盘大但发展不均衡。瀛洲不属于"欠发达地区"，而且紧挨着刘济曾经工作过的莫州，看得出刘济对刘滩很放心。但是这"兄友弟恭"的佳话却没能继续下去。刘济做出了一个错误的决定，为他日后的人生路埋下了很大的隐患。

## 人未死 心已远

刘澭带着哥哥的承诺，踏上了赴任瀛洲之路。然而刘济接下来的一个决定，使他未来二十五年的节度使生涯暗藏杀机。

刘济很快就忘了对弟弟刘澭的承诺，把自己的长子刘绲提拔成了副大使，名义上是副手，实际就是接班人。当年刘济的爸爸刘怦就是副大使的位置上被扶正的。远在瀛洲的刘澭万万没想到，眼巴巴等来的却是侄子取而代之的消息，他一气之下做出了一个冲动的举动。

对于唐王朝来说，节度使就像宅门逆子，曾经顶门立户有贡献，翅膀硬了就开始跟爹妈作对。但在兄弟之间窝儿里反的时候，朝廷又成了他们评理的地方。自感被哥哥欺骗了的刘澭，给长安的皇帝发了封私信，言外之意就是想另立门户。刘济得知之后当然不干，立即发兵打跑了刘澭。皇帝一看这局面不太好控制，得了，刘澭你也别回幽州了，到秦州去当市长吧。秦州是哪儿呢？就是今天的甘肃天水市。那时候幽州北京虽然不是首都，但至少是军事重镇，刘济刘澭又都是土生土长的北京人。这次去秦州上任，看起来是平调，其实却有发配的意味。

刘澭对皇帝的立场心知肚明，于是在新的工作岗位上"幽系幕吏，杖杀县令"，可谓飞扬跋扈。朝中的大臣在皇帝面前给他扎针儿，提议惩罚。但皇帝却说他"只知卢龙节制，不识朝廷宪章"，意思是说他们老家幽州就是这种作风，难怪他不懂法，就别深究了。

皇帝这话不假。幽州的干部采取军政一体的制度，手里既有军权也有

八达春游图　五代　赵喦
中国台北故宫博物院藏

行政权还有财权，气焰之嚣张，连节度使也要让他们三分。所以皇帝清醒地知道，刘滩只是把在幽州的工作作风带到了秦州，并非是针对朝廷表示不满。

然而一个秦州刺史飞扬跋扈不伤大雅，一个刘滩弟弟被骗被打也无关大局。但是此时的幽州还有一个人留在了刘济身边，他同样手握重权，同样对刘济立长子刘绲为继承人不满，但这个人没动声色，只是静待时机。他，就是刘济的另一个儿子——刘总。

## 致命的恩怨

安禄山父子和史朝义父子的故事告诉我们几个道理：首先在家庭暴力面前，儿子急了也咬人；其次在一碗水端不平的时候，水碗可能被打破；由此可以总结出一条规律：儿子多了很麻烦，位子高了很危险。

安史之乱父子相残的前车之鉴摆在眼前，刘济却没重视。他不像安禄山一样有家庭暴力，却像史思明一样有两个儿子——长子刘绲和次子刘总。刘济在幽州当节度使的时候，把长子刘绲放在了副大使的位置上，副大使，表面上只是节度使的副手，却实际上成了"储备干部"的锻炼岗位。刘济的人事安排惹来了不少非议，不仅失信于弟弟刘澭，也让二儿子刘总的心理严重失衡了。

刘总的脾气秉性不太好，史料记载他阴险狡诈——"性阴贼险谲"。这样的性格在特殊的环境下悄悄发酵，暗流涌动。

话说幽州、成德、魏博这河北三镇的节度使有着相似的背景和位置，演绎了一出唐朝版的"中国合伙人"。当年相继背叛史朝义投奔大唐，算是志同道合的；曾经为了继承人问题抱团闹事，逼得唐德宗写了"检讨书"，承诺像以前一样善待他们，算是利益共同体。但俗话说"共苦易、同甘难"，时隔二十多年之后，河北三镇的当家人换了几茬，彼此的关系也大不如前。

元和初年（806年）正值刘济当政，幽州的老街坊成德节度使王承宗起兵造反，唐宪宗让各地的节度使出兵讨伐。但大伙都犹豫不决，河北三镇之一的魏博节度使甚至出兵帮助王承宗。大家为什么这个态度呢？里边有个背景。

节度使大权在手，一直是中央的一块心病。公元809年，成德节度使王士真去世了，当时的中央一把手唐宪宗想借着这机会拿回点权力，主要是"财权"和"人权"，也就是由朝廷任免藩镇的一把手。

唐中央开常委会商讨，大佬们都不同意，怕军阀们再聚众闹事。但唐宪宗也有自己的高招，从虚实两方面下手。先说虚的，王士真去世，按常理中央应该派代表去参加葬礼，否则王家人在百姓面前会很没面子。再说实的，王士真的儿子王承宗早就做好了接班的准备，虽然藩镇有自己任命一把手的权力，但真正上任必须由中央签字同意，否则言不正名不顺。

于是常委会的最后决议是跟王承宗谈判：（1）中央派人参加你爸的葬礼；（2）批准你当接班人。但条件如下：（1）你把财权人权还给中央；（2）你手下的六个州郡，让出两个来，一把手你自己任命，如果你不同意，就出兵打你。

咱们要知道，大藩镇在中央都有耳目。常委会决议还没下发，王承宗就得到消息了，鉴于老爸刚去世，自己在当地的威信还不高，王承宗主动上书答应了唐宪宗的条件。

但唐宪宗高估了他的诚信度，王承宗安葬了老爸，处理好了内外军务后就开始翻脸了。

这就是王承宗起兵的大背景，因撤藩而起，为权力而战，从利益共同体的角度上分析，但凡野心大点的藩镇都会给王承宗加磅，如今大多数人都冷眼旁观，唐宪宗应该烧高香了。

节度使之中讨伐态度比较积极的当属幽州的刘济，他平时对皇帝最为恭顺，时不时的就给中央送点礼，堪称晚唐"最听话的节度使"。但是刘济的听话是有条件有目的的，他并没有立即出兵讨伐王承恩，而是先派人去劝退了魏博节度使田季安，使王承宗缺了一个帮手，同时给自己留出了一些思考的空间。

紧接着刘济也召开一个幽州常委会，征求各位大将们的意见。刘济的开场白大概意思是这样的：皇帝让咱们讨伐成德，而咱们和成德节度使王承宗常年不和，人家对咱们早有防备，这时候出兵是否合适呢？

请注意，刘济提到了"不和"这个微妙的关系。幽州的南边紧挨着成德，两个老街坊为什么会不和呢，这是由前辈们的一段"三角关系"和三次"劈腿事件"造成的。话说大历十年（公元775年），河北三镇原本稳固的三角关系出现了裂痕，幽州节度使朱滔和成德节度使李宝臣联手攻打魏博节度使田承嗣，田承嗣发现朱李二人的关系存在一个破绽，什么呢？李宝臣是早就惦记上了朱滔的地盘。在田承嗣强有力的策反攻势下，李宝臣扭过头来给了朱滔一闷棍，从此哥儿俩结下了梁子。

两个藩镇第二次翻脸，就是咱们之前提到的那个段子。唐德宗建中二年（公元781年），成德李宝臣去世，唐德宗想借机拿回节度使的任免权，

宾客图　唐　佚名　陕西唐李贤墓壁画

李宝臣的儿子李惟岳联合几个藩镇的节度使发动了"维权战争",然而李惟岳很快被属下王武俊所杀。那边原本负责平定叛乱的幽州朱滔对奖金不满意,调转枪口,瞄准中央,史称"建中之乱"。与此同时,幽州朱滔和成德王武俊二人为了瓜分成德的地盘,联手救援魏博的田悦,同时还吸纳了淄青镇节度使李纳,四个藩镇站在了一个战壕里,所以"建中之乱"又叫"四镇之乱"。但是接下来的剧情发生了大逆转,唐中央派出神策大将李晟平乱。联合作战讲究的是配合,不怕神一样的对手,就怕猪一样的队友。面对李晟的强大攻势,朱滔干了件不仗义的事——退守自保,把王武俊晾在了战场上。两个藩镇再次结怨。

幽州朱滔的另一次劈腿是在泾原兵变过后。建中四年九月(783年),为了平定"四镇之乱",唐德宗请来泾原镇的五千兵马救援,但大军路过长安的时候,因为对伙食条件不满意而发生了兵变,包围了长安城。唐德宗仓皇而逃,这时候一个人被遗忘在了长安城里,谁呢?正是朱滔的哥哥朱泚。"建中之乱"过程中,朱滔因为对奖金不满而调转枪头发动政变,正在中央任职的朱泚被扣押在都城长安成了人质。这兵变一发生,唐德宗慌乱之中把他忘了。泾原的大兵们本着一个原则:敌人的敌人,就是我们的朋友。于是朱泚被叛军推举成了皇帝,《后唐书》里把朱泚和安禄山并称——禄山犯阙,朱泚称皇。这边朱泚捡了个皇帝当,那边朱滔继续大军南下。成德节度使王武俊和魏博节度使田悦一看,幽州朱家这哥儿俩野心挺大,咱干不过他们,干脆找个靠山吧。结果成德、魏博归顺了朝廷,站在了幽州朱家的对立面。直到朱滔兵败之后,成德王武俊还咄咄逼人,两个藩镇的梁子越结越深。相比之下,魏博田家则有点"听人劝吃饱饭"的鸡贼,表面上是小弟,其实是在坐山观虎斗。

其实从另一个角度说,幽州节度使的见风使舵,并不是道德品质上的败坏,而是身份处境上的无奈。在河北三镇当中,成德和魏博的人缘比较好,经常和其他藩镇结盟,幽州则备受冷落。其中一个重要原因在于幽州节度使更替得太快,没有家族根基。据统计,150年间成德一共有14位节度使，魏博一共有16位节度使，而幽州一共有29位节度使走马上任，跟现在的干部任免一样，平均5年一届。而成德节度史平均下来长达10年一届，魏博节度使平均下来也长达9年一届，频繁的一把手更替，严重影响了幽州的远期结盟方案。不仅如此，一百多年之间，成德节度使被三个家族包揽，堪称最稳定的藩镇。魏博在前几十年里是田家天下，而幽州的29位节度使里除了刘怦、刘济、刘总祖孙三人和末代的刘仁恭、刘守光父子俩是家族式的传承之外，几乎都是下级杀了上级篡位夺权，由于几代领导人的思想不统一，很难与周边藩镇维持长久的友谊。翻脸比翻书还快的幽州节度使们，也很难得到小伙伴们的信任。

在藩镇中的孤立，使得幽州必须投靠中央，所以在河北三镇的历任节度使之中，幽州的"听话节度使"所占比例最高。

然而就刘济而言，他的"听话"并非源自灵魂深处。在直播的过程中，刘后滨教授曾经说过："刘济生活的贞元、元和年间，是唐朝政治、文化发展的一个高峰，是元和中兴的前期。咱们熟悉的大文豪韩愈、柳宗元都生活在那个时代，欧阳修也是在那时候写出了《长恨歌》。"其实不仅如此，韩愈与刘济还有过神交。唐宋八大家之一的韩愈曾经表达过对幽州的殷切期望，把大唐的复兴寄托在刘济身上。但刘济只是每年给中央送钱，却始终不肯入朝觐见皇帝，后来魏博节度使田弘正归顺中央的时候，刘济的儿子刘总还多次劝阻。由此可见刘济的恭顺是相对的，流于表面的。

正是在这样的大背景下，成德节度使王承宗起兵造反，刘济在战与不战中犹豫不决，为此开常委会进行商讨。

会上一个叫谭忠的将领发表了一下自己的意见：地球人都知道咱们跟王承宗有仇，现在如果我们一毛不拔，皇帝会以为我们讨好王承宗，不仅毁了咱们常年积累下来的忠诚度，王承宗还不领情。刘济一听有道理，当即决定：五天之后出兵！

然而刘济这次出兵却是有去无回，最可怕的对手不是王承宗，而是他的二儿子——刘总。

## 老子、儿子和位子

刘济决定出兵讨伐成德节度使王承宗的时候，大儿子刘绲以副大使的身份留守在幽州北京，颇有太子监国的意味。二儿子刘总作为仅次于刘济的军事长官，带兵征战沙场。一个躲在老家享清福，等着当接班人，一个在战场上玩命，升官之路已经碰上了透明天花板——天很高，但就是上不去。看上去刘总遭遇了不公平待遇，但起初的情况并没有那么糟。

对于依靠战争投机起家的藩镇来说，战场就像赌桌，上去了才有赢的机会。刘总就凭借自己常年征战的功绩，在军队里树立起了一定的威信，如果这次再打几个漂亮仗，在继承人问题上就有翻盘的可能性。老天相助，刘济在进攻安平的时候遇上了坎儿，于是把驻扎在饶阳的二儿子刘总调了过来，给了他八千人马，不到半天的功夫，刘总就把安平拿下了。

然而历史跟刘家父子玩了把黑色幽默，讨伐大军一路高歌猛进的时候，刘济病倒了。按理说刘总这时候应该肩挑重任、大显身手了吧。谁都没想到，王承宗吃了几场败仗就失去了信心，认怂投降了。对于刘总来说，属于自己的赌局还没开始就结束了，这也忒倒霉了吧。这时候，刘总如同看见了圆月的狼人，露出了自己"性阴贼险谲"的本性。

他做了一个局，具体情况如下：

刘总散布谣言说：中央对刘济因病请假的工作态度非常不满，恰逢王承宗有意投降，双方谈拢了一个条件：刘济撤职，由副大使刘绲接班。

站在一个新闻工作者的角度上看，刘总的这场舆论战争打得很聪明。

他首先为这个谎言找到了一个看似可靠的信息源——一个假冒的中央使臣。刘总找人冒充唐宪宗的使臣，到大营里去传达中央的最新精神，而刘总也给自己设计了一个角色，作为当时军中的临时负责人，他亲自接待了这位假使臣，并向刘济传达了假消息，令刘济一时间怒从心头起。

您或许奇怪了，谣言中中央指派刘绲接任幽州卢龙节度使，不正和刘济的人事安排不谋而合吗？这对刘济有什么杀伤力吗？

仔细想想不难理解，老子死了儿子继位，那叫继承；老子把位子让给儿子，那叫禅让；老子没想退休，儿子却急于上台，那叫篡位。在刘总的谎言里，刘绲就是在中央文件的支持下的合法篡位。

刘总这场舆论战的另一个亮点就是有步骤的跟进。他让士兵每天都到大街上去散布刘绲接任的进程，今天到了太原，明天到了代州。原本就有病在身的刘济一气之下不吃不喝，连续绝食了好几天。直到有一天渴得不行了想喝水，刘总趁机在水里下了毒，刘济就这样被自己的儿子毒害而死，享年只有五十四岁。

那边蒙在鼓里的刘绲按照父亲刘济的命令，赶往安平的行军大营，刚走到涿州就让刘总假传父命给打死了。

其实幽州节度使的权杖早就沾满了血手印，前文说到，29个幽州节度使里有16个是篡位而成的，刘总何必如此费尽心机，导演了这么一出戏呢？我们不难发现，刘总做的这个局，至少实现了一个目的——万无一失。但是出人意料的是，他费尽心机得到的位子，却又被他自己主动放弃了，这究竟是为什么呢？

## 刘总：主动放弃的血色权位

刘总做局毒死了老爹，打死了大哥，如愿以偿地当上了节度使，自己却没能过上一天安生日子。话说刘济、刘绲去世之后，唐中央并没有做出任何反应。或许是不敢再插手藩镇的家务事，或许国家的情报系统太不给力，没人察觉幽州的异样，总之刘总通过合法的程序坐上了幽州节度使的位子。

但是真正的压力不是来自外界，而是来自刘总自己。话说刘总因为干了亏心事而得了重度抑郁症，每天都梦见老爸和大哥跟他索命。于是他在办公室的后院请来了数百名僧人，好吃好喝伺候着，每天诵经替他求饶谢罪。不仅如此，刘总每天就在道场打地铺，换个地方就睡不着觉。

这样的日子一直持续到晚年，刘总实在扛不住了，跟朝廷打报告要求退休，把权利交给了一个叫张皋的部下。然而刘总是个有队伍的人，当年跟他混的一票兄弟当然不同意大哥先撤，但刘总退意已绝，杀了几个挡路的将领，自己剃了头发，奔长安出家去了。当时的国家领导人唐穆宗一听刘总请辞，心想这是好事儿啊，祖宗们一直想拿回来的藩镇权力，这会儿有人送上门了，还是至关重要的幽州，必须批准。为了以资鼓励，穆宗给刘总封了个"天平军节度使"。但得知刘总已经削发为僧的时候，又收回任命，另给他封了个"大觉"的法号。

如果刘总因为重度抑郁症，就拱手让出了自己弑兄杀父才得到的权位，那只能说明他心理素质太差。事实上，刘总请辞有更重要的原因。

起初刘总刚上台的时候，几个藩镇都不安分，刘总延续了老爸的"听话"原则，得到了唐中央的信任，加官进爵至"同中书门下平章事"，相当于宰相。但是随着大环境越来越差，几个藩镇的节度使相继栽了跟头，淮西节度使吴济元被抓，平卢淄青节度使李师道被砍了头，老冤家成德王承宗被吓死了，同为河北三镇之一的魏博节度使田弘正归顺了朝廷。刘总既没了对手，也没了盟友，他的危机感越来越强，再加上当年自己做的那点亏心事挥之不去，刘总决定提前退休出家为僧。

这边刘总剃了头做好了出家的准备，却与佛无缘，在前往长安的路上突然去世。中央放假五天以表哀悼，追认刘总为"太尉"。太尉原本是秦汉时期最高的军事长官，跟丞相、御史大夫是平级，但到了唐朝已经转变成了虚职，更像是一个荣誉称号。除此之外，中央还发了丧葬费，包括绢布和粮食。

我们有理由相信刘总的这次归顺是有诚意的，他把朱克融为首的几个不听话有异心的幽州将领遣送到了长安，让中央处置。朱克融是谁呢？他爷爷就是朱滔，朱爷爷和刘爷爷是表兄弟，也就是说，刘总和朱克融也应该是表兄弟，当年朱爷爷把位子传给了刘爷爷，幽州江山改了姓，但朱刘两家一直是世交。朱克融的血液里，流淌着父辈叛逆的血液。

从安全的角度考虑，中央应该给朱克融一个有名无实的官职，或者安置在非重点区域当个地方官，总之不能放虎归山。但当时的宰相崔植等人脑子进了水，把朱克融放回了幽州，武将执掌藩镇，大权再次旁落。

这边的幽州再次失控，那边的魏博节度使田弘正归顺朝廷，被调到隔壁的成德去当一把手。田弘正知道成德不好混，希望带二百个士兵过去当保镖，由中央发工资。中央不同意，田弘正只好把二百保镖打发回了老家。部队前脚刚走，田弘正就被成德的叛军王庭凑给咔嚓了，成德再次脱离了中央的掌控。正是在这一年，幽州的朱克融和成德的王庭凑联手发动了叛乱。

刘济一家的节度使生涯至刘总去世，就算是结束了。但是话说到这

## 刘济家族谱

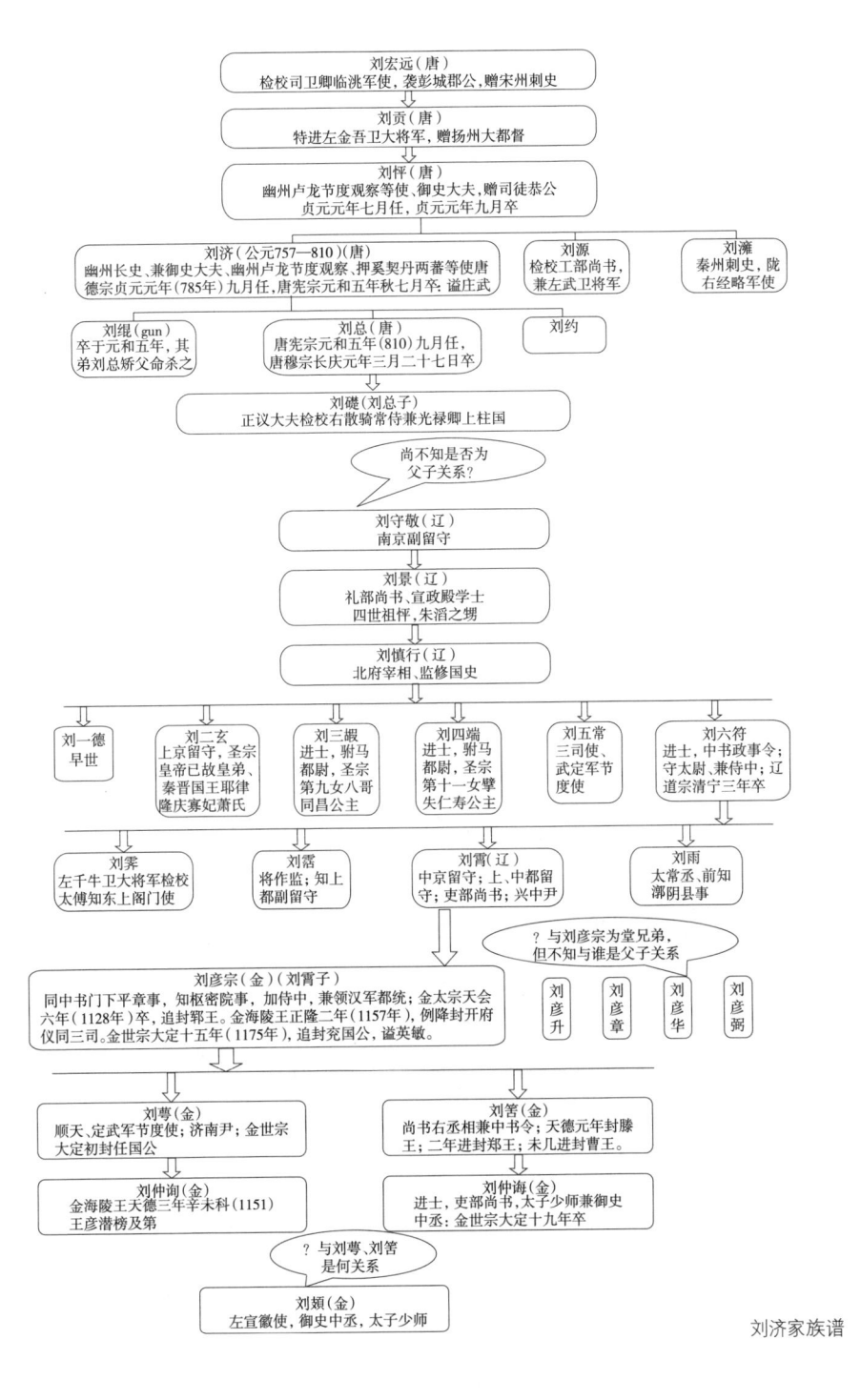

- **刘宏远（唐）**
  检校司卫卿临洮军使，袭彭城郡公，赠宋州刺史
  - **刘贡（唐）**
    特进左金吾卫大将军，赠扬州大都督
    - **刘怦（唐）**
      幽州卢龙节度观察等使、御史大夫，赠司徒恭公
      贞元元年七月任，贞元元年九月卒
      - **刘济（公元757—810）（唐）**
        幽州长史、兼御史大夫、幽州卢龙节度观察、押奚契丹两蕃等使唐德宗贞元元年（785年）九月任，唐宪宗元和五年秋七月卒；谥庄武
        - **刘绲（gun）**
          卒于元和五年，其弟刘总矫父命杀之
        - **刘总（唐）**
          唐宪宗元和五年（810）九月任，唐穆宗长庆元年三月二十七日卒
          - **刘磻（刘总子）**
            正议大夫检校右散骑常侍兼光禄卿上柱国
        - **刘约**
      - **刘源**
        检校工部尚书，兼左武卫将军
      - **刘灘**
        秦州刺史，陇右经略军使

（尚不知是否为父子关系？）

- **刘守敬（辽）**
  南京副留守
  - **刘景（辽）**
    礼部尚书、宣政殿学士
    四世祖怦、朱滔之甥
    - **刘慎行（辽）**
      北府宰相、监修国史
      - **刘一德** 早世
      - **刘二玄**
        上京留守，圣宗皇帝已故皇弟、秦晋国王耶律隆庆寡妃萧氏
        - **刘霁**
          左千牛卫大将军检校太傅知东上阁门使
      - **刘三嘏**
        进士、驸马都尉，圣宗第九女八哥同昌公主
        - **刘霭**
          将作监；知上都副留守
      - **刘四端**
        进士、驸马都尉，圣宗第十一女耀失仁寿公主
        - **刘宵（辽）**
          中京留守；上、中都留守；吏部尚书；兴中尹
      - **刘五常**
        三司使、武定军节度使
      - **刘六符**
        进士、中书政事令；守太师、兼侍中；辽道宗清宁三年卒
        - **刘雨**
          太常丞、前知漯阴县事

（？与刘彦宗为堂兄弟，但不知与谁是父子关系）

- **刘彦宗（金）（刘宵子）**
  同中书门下平章事，知枢密院事，加侍中，兼领汉军都统；金太宗天会六年（1128年）卒，追封郓王。金海陵王正隆二年（1157年），例降封开府仪同三司。金世宗大定十五年（1175年），追封兖国公，谥英敏。
  - **刘彦升**
  - **刘彦章**
  - **刘彦华**
  - **刘彦弼**
  - **刘萼（金）**
    顺天、定武军节度使；济南尹；金世宗大定初封任国公
    - **刘仲询（金）**
      金海陵王天德三年辛未科（1151）王彦潜榜及第
  - **刘筈（金）**
    尚书右丞相兼中书令；天德元年封滕王；二年进封郑王；未几进封曹王。
    - **刘仲海（金）**
      进士，吏部尚书，太子少师兼御史中丞；金世宗大定十九年卒

（？与刘萼、刘筈是何关系）

- **刘烦（金）**
  左宣徽使，御史中丞，太子少师

刘济家族谱

儿，刘家并没有由此绝后，在现场直播的过程中，北京市文物研究所的宋大川所长把他近日研究的刘家族谱，公布了出来。

在刘济的墓志铭里记载着，他是署昭烈皇帝刘备的后代。而宋所长告诉我们：自刘怦开始从中唐到金代，刘家成为一个显赫四百年的大家族，其中最著名的就是辽代的刘慎行一支。刘慎行有六个儿子，分别叫刘一德、刘二玄、刘三嘏、刘四端、刘五常、刘六符。除刘一德早年去世之外，其余五个儿子都位居高官要职，显赫一时。不仅如此，刘三嘏、刘四端还都娶了辽代的公主。

这二位驸马的人生经历比较传奇。话说圣宗皇帝在一次打猎的过程中，一箭射杀了两只鹿，刘三嘏笔头子给力，写了一篇《一矢毙双鹿赋》，讨得龙颜大悦，一声令下：赏！赏了什么呢？赏了个公主做媳妇。

然而刘三嘏要的是个家庭，但公主注定是个传奇。夫妻俩感情不和，三少爷离家出走逃到了宋朝界内。可当时的宋朝已经是孱弱无威，哪儿敢收留这位落魄驸马，只好把他交给了辽国的使臣。刘驸马回国之后就被皇帝赐死了。

相比之下，刘四端经受住了残酷的考验，这话怎么说呢？话说刘四端作为辽国使臣出使宋国，参加宋朝皇帝的生日大趴。席间主办方安排了不少陪酒小姐，刘四端不屑一顾，可谓难能可贵。没多久，这则"歌女色诱刘四嘏，坐怀不乱真英雄"的新闻传到了辽国，使得刘四端回国之后就升了职。

然而并非姓刘的都是一家人，回过头来再看唐朝末年，继刘怦、刘济、刘总这爷孙三人之后，时隔几代，幽州镇又出现了两位姓刘的节度使。

下编／刘济在京遗迹

## 另一对刘氏父子

刘济墓之开始之前，志盖上有姓无名的"刘公"二字让专家和我们都浮想联翩，有唐一代接受过任命的幽州节度使一共二十九位，其中六位姓刘，除了刘怦、刘济、刘总这祖孙三人之外，还有一对父子，这就是刘仁恭和刘守光。

今天的很多史学家总喜欢板着一张冷脸，以尊重历史的名义沽名钓誉，却不知道历史本身却充满了幽默感。刘仁恭虽然姓刘，但跟刘济却不是一家人，他原本只是幽州的一个将领。唐昭宗景福二年（893年），幽州又发生了内讧，正好赶上刘仁恭的部队常年在外地值班，没有按时轮岗，所以刘仁恭浑水摸鱼发动了兵变，没成想却败走他乡，只好投奔李克用。

李克用是谁呢？李克用原本姓朱，老朱家世代效忠李唐王朝，到了李克用的爷爷朱邪那一代屡立战功。皇帝一高兴喜欢送人东西，但有些不太实惠，比如自己的姓氏。朱邪被赐姓李，这才有了"李克用"这孙子。而李克用的儿子，咱们在探访曲阳大墓的时候也有提到过，正是建立后唐的李存勖，李克用被奉为后唐的"太上皇"，历史上把他跟曹操相提并论，可见李家是唐末的一股强大势力。

回过头来说刘仁恭投奔了李克用，在他的帮助下杀回幽州当上了幽州卢龙节度使。但是屁股还没坐热，他就背叛了大哥，怎么回事呢？

事情很简单，897年，唐昭宗被镇国节度使韩建欺负了，世代忠于李唐王朝的李克用跟刘仁恭借兵，要替唐昭宗出头。没成想刘仁恭翅膀硬了，

牧马图　唐　韩幹　中国台北故宫博物院

　　假装没听见大哥的召唤，就是不出兵。李克用大怒，出兵攻打幽州，却大败而归。从此刘仁恭单飞了。

　　单飞之后的刘仁恭开疆辟土，一路顺风顺水。李克用从大局出发，也跟他不计前嫌。正是在这样的条件下，刘仁恭开始飘飘然了。

　　如今位于北京市西南方向的房山区有一座大安山，这座京西名山的第一代开发商就是刘仁恭，他在大安山修宫殿、藏美女、炼仙丹、可谓穷奢极欲。他还让百姓交出钱币，藏在大安山上，所有参与搬运工作的工匠一律杀人灭口，百姓无奈只能用土铸钱。不仅如此，他还搞起了商业垄断，禁止江南茶叶进京，只能喝政府种的茶。

然而无论是当下的时事还是唐朝的历史都告诉我们一个真理：好色是一种极易遗传的基因。刘仁恭的爱妾罗氏跟他的儿子刘守光通奸被抓，老刘把小刘胖揍一顿，从此断绝了父子关系。当老刘沉迷在房山享乐的时候，小刘在幽州城里自封了节度使，并且率兵生擒了老爸兼情敌——刘仁恭。紧接着和时任义昌节度使的哥哥刘守文短兵相接，刘守文被杀。

俗话说家和万事兴，这边刘家父子撕破了脸，那边李克用的儿子李存勖却没忘了当年老爸受过的窝囊气。公元914年，李存勖夺取幽州俘虏了刘家父子，刘仁恭被押送到李克用的墓地上，用匕首插进心脏，以鲜血向李克用谢罪，而后被斩首。

此时中华大地的行政版图已经四分五裂，节度使们拥兵自立，各自为政，从公元907年以汴州朱温建立后梁为开始，中国进入了一个新的历史时期——五代十国。刘守光，既是幽州北京的最后一任节度使，也是五代十国燕国的建立者。

然而在直播过程中，嘉宾曾经提出唐朝历史上有六位姓刘的幽州节度使，除了刘济一家三代人和刘仁恭、刘守光父子之外，第六位是谁呢？他叫刘悟。

话说长庆元年（821年），唐穆宗任命刘悟为卢龙节度使，也就是幽州节度使。那么为什么在幽州节度使的历任干部名单上没有刘悟的名字呢？事情是这样的，官衔是中央给的，地盘儿却需要刘悟自己去争。

前文说到刘总出家之后，唐朝本来应该迎来一个撤藩的好时机，当时正值元和年间，唐代的"元和中兴"就是在此期间。但是中央官员脑子进水，把朱滔的孙子朱克融放回了幽州，让藩镇大权重新落在了武将的手里。幽州再次联合成德发动叛乱，唐中央采取"拉一个打一个"的战略，才把刘悟任命为幽州节度使，那意思是：想当幽州节度使，就自己去抢地盘吧。

刘悟不傻，知道这天上掉下来的馅饼会硌牙，于是拒绝上任，继续当自己的昭义节度使，掌管着今天的山西省东南部与河北省西南部。所以很少有人知道还有个叫"刘悟"的人差点染指幽州节度使这个位子。

## 卢龙、平卢：一字之差的误会

在相关报道里，有个概念被混淆，报道中说"幽州（范阳）、卢龙（平卢）就是两个大军区。"卢龙和平卢是一回事儿吗？

《旧唐书·地理志》记载了这么一段话："平卢军，在营州城内，管兵万六千人，马四千二百匹。卢龙军，在平州城内，管兵万人，马三百匹。"无论从地理位置还是从军队人数来看，平卢和卢龙都不是一个概念。平卢古称营州，军区司令部设置在今天的辽宁省朝阳市。而卢龙古称平州，军区司令部设在今天的河北省卢龙县，也就是说这是两大军区。

为什么记者会把卢龙和平卢弄混呢，我们可以帮他找到三个借口。首先平州和营州之间曾经上演过一场帽子戏法。话说早在汉代的时候就有了"平州"这个地名，到了北魏时期，旧的平州把名字改成了营州，随后在

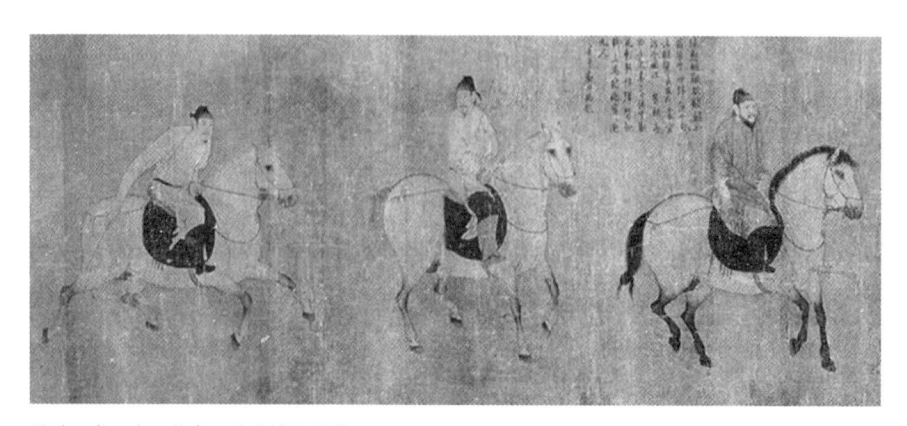

游骑图卷　唐　佚名　故宫博物院藏

今天的河北又设了一个新平州，隋唐的时候在新平州设置了卢龙县，而旧平州则在唐玄宗开元七年设置了平卢镇。简而言之，北魏之前平州指的是辽宁平卢，北魏之后平州指的是河北卢龙。两个军区先后用了一个名字，自然容易被人误会。

其次容易混淆的是，唐朝的卢龙、平卢两大军区，也就是今天的河北省卢龙县辽宁省朝阳市距离非常近，开车只需要三个小时左右。正因为离得近，引发了容易让它们混淆的第三个原因——节度使的管辖范围。

咱们前边说过，安禄山造反之前身兼三镇节度使，这三个藩镇分别是：范阳（幽州）、河东、平卢。安禄山一个人掌管三大军区，显然忙不过来，因此平卢又设置了一个执行节度使徐归道。安史之乱爆发，平卢节度使徐归道的部下候希逸和王玄志不愿意背叛朝廷，杀了徐归道。唐中央先是任命王玄志为平卢节度使，王玄志因病去世，候希逸接任。在安史之乱过程中，候希逸被史思明逼的出走山东。

在这儿多说一句，熟悉唐史的人知道安史之乱平定之后，有了个淄青平卢节度使，淄青指的是今天山东淄州、青州一代。那么这个淄青平卢节度使又是谁呢？正是当年不肯就范的平卢节度使候希逸在史思明的逼迫之下出走山东，虽然离开了平卢营州，但是却带走了两万平卢军，所以还是名副其实的平卢节度使。安史之乱平定之后，唐代宗给候希逸就地加封了个淄青节度使，从此有了淄青平卢节度使这个历史角色。

事实上，幽州节度使在称呼上可谓多变，早在唐玄宗先天二年（公元713年）正式设立幽州节度使，天宝元年（公元742年），幽州改了名字叫范阳，幽州节度使也随着改成了范阳节度使。安史之乱平定之后，又改回了幽州节度使，因为兼掌卢龙军，所以又叫幽州卢龙节度使或者卢龙节度使。那么这时候的平卢是什么状态呢？安史之乱伊始，平卢军已经被候希逸带到了山东，成了淄青节度使的部队，而安史之乱结束之后，地理上的平卢已经北方少数民族占据。

所以无论从哪个角度上说，把卢龙和平卢混淆都是不应该的。

## 迟来的爆料：夫人墓志内容揭晓

自房山长沟大墓直播结束之后，再次见到文研所的程利，已经是半年之后。此时我们早就投入到了新的选题之中，六个月的时间里将近两百期节目出炉，虽然其中不乏与长沟大墓有关的选题，但大部分精力已经转移。而程利告诉我们，他依然在房山长沟的大墓里盯着考古进程，壁画的清理和保护工作还在继续。听闻至此，新闻工作的高速运转与考古工作的漫长枯燥形成了鲜明的对比。

程利是个不喜欢应酬的人，让他在大冬天交通晚高峰的时候从平安大街的文研所到西三环的北京电视台赴约，可谓不情之请，但他竟然欣然应允，比起几个月前邀请他做访谈嘉宾要容易了许多，不是人的性情变了，只是事儿的性质不同。老朋友见面却没有过多的寒暄，我们直奔主题：拷贝长沟大墓的考古照片、了解刘济夫人墓志的相关内容。

万万没想到的是，程利的硬盘里还存着十三年前老山汉墓的工作照片。这些照片的意义不说不明，那时候新闻媒体对老山汉墓的关注度颇高，文物部门发布信息非常谨慎，很难拍摄到汉墓内部的照片，只有当时作为考古项目负责人的程利掌握着最完整的照片资料。十三年前的程利留着艺术家一样的长发，时为记者的李欣比如今消瘦青涩很多。转眼十三年过去了，两个人再次相聚，仍然缘起于一座古墓，其中的坚持与执着显然无需多说。

向程利问及刘济夫人墓志的内容破解情况，他从书包里取出了一个牛皮纸文件袋，里边装着用A4纸打印的刘济夫人墓志的志文。夫人墓志在史料中没有任何记载，志文全部是程利依照出土墓志上雕刻的文字一个一个录入的，很多古字在电脑输入法里很难找到，需要用偏旁部首进行拼组，再进而破解其中的含义。

程利毫无保留的把志文摆在我们面前，我们却很难迅速读懂这些古意复杂的文言文。通过程利的解释我们得知刘济夫人墓志的内容大概分为几个部分，除了张夫人的家族出身以及老公刘济的相关介绍以外，幕志中到底还藏着哪些鲜为人知的秘密呢？

谜团一：儿子杀老子　刘济夫人什么态度？

我们一直想知道刘济夫人是如何面对儿子和丈夫之间的这场恩怨情仇的，墓志里确实有所记载。大概意思是说，刘总回到幽州之后遇到了各方面的阻力，幽州的元老们对这位名不正言不顺的二少爷并不买账，而关键时刻力挺刘总的就是刘济的夫人张氏，她凭借自己的威望帮刘总安抚人心，稳稳当当的坐上了幽州卢龙节度使的位子上。话说到这儿，相信没人会埋怨这位母亲"助纣为虐"，连"慈母多败儿"都算不上，在长子和丈夫都已经去世的情况下，刘总无疑成为她无可选择的唯一依靠。

墓志铭中还引用了一个叫做"敬姜犹绩"的典故，这是源自《国语》里的一个故事，话说春秋时期，文伯歜当上了鲁国的大夫，相当于宰相，而他的母亲敬姜每天都在家里织麻。文伯歜出于孝顺，劝老妈别那么辛苦，自己的薪水足以养家，没想到却遭到了老妈的一顿臭骂，大概意思就是：你小子不能忘本！

从此，敬姜犹绩这个典故就用来形容富贵却依然勤奋、不贪图安逸的女性。这样的文字出现在刘济夫人的墓志上并不算稀奇，要表达的内容跟"具有中国传统美德的优秀女性"意思差不多。

观鸟扑蝉图（部分） 唐 佚名 陕西唐李贤墓壁画

谜团二：夫人墓志　为何比刘济墓志更豪华？

程利给我们指出了墓志铭中一个有趣的细节，史料上对刘济的出生记载的详尽而又充满传奇色彩，说他刚落地的时候是一条黑色的蟒蛇。而史料里对于刘总的记载却是从他弑兄杀父开始的，这个劣迹几乎抹杀了他的前半生。而刘济夫人的志文中却把刘总出生这件事被描述的意义深远，表面上是在赞扬一位伟大的母亲，但明眼人都看得出来这是在给"孩子"攒材料呢，言外之意就是刘总非同凡响，出生的时候就出现奇异天象。

墓志上描述的另一个重要信息，就是刘济夫人在丈夫去世半年之后就撒手人寰了，老太太生前吃斋念佛，是个带发修行的居士，家里的装修都具有佛教特点。咱们之前一直迷惑于夫人墓志的豪华原因，认为夫人的身份得益于儿子的政治地位。但墓志显示，夫人的所有荣誉都是在刘济在世的时候得到的，只是晚年从"夫人"变为了"太夫人"。

谜团三：夫人尸骨　哪儿去了？

墓室里只发现了一具男人的尸骨，墓志盖下又出现了意思骨灰的东西，那么刘济夫人是不是被火化了呢？骨灰又是不是洒在了志石上呢？虽然检验结果迟迟没有确认，但夫人的志文中却泄露了真正的原因。大概意思是说，夫人的遗体早就按照佛教的丧葬制度进行了火化，骨灰盒另葬他处，而刘总为了让父母相聚、表达孝心，所以才把母亲的墓志安葬在了刘济墓里。

故事讲到这儿，似乎关于刘济墓的大多数谜团都找到了答案，但关于房山长沟大墓的话题还在继续。程利临走的时候告诉我们，刘济墓的周边，也就是北京文化硅谷的其他几块地块上，又发现了战国窑址和汉代的古墓，而壁画的保护工作也有了显著的进展。第二天，我们的记者在时隔半年之后再次来到房山长沟……

# 跋

新闻重在事实的传播，好新闻则应传递出人文气息，北京悠久的历史和深厚的文化底蕴，使北京电视台的新闻人肩上多了一份传播文化的担当。自2011年新闻频道成立以来，直播团队出色完成了多项文化类题材的直播，例如"人民的艺术——纪念人艺成立六十周年"大型直播，2011、2012、2013年"端午文化节"直播，"国际旅游文化节"直播等等等等。尽管如此，对考古发掘现场的直播还是第一次。

如今回过头去看，大墓发掘的台前故事在直播的过程中一一展现，而真正带给我们思考和启示的，是幕后的种种碰撞与磨合，流露在《探墓手记——镜头背后的北京唐墓传奇》的字里行间。

《探墓手记——镜头背后的北京唐墓传奇》的作者是《这里是北京》栏目的三位主创人员，这档栏目是新闻频道的品牌栏目，也是北京电视台唯一一档专注于北京历史文化的专题栏目。其主创团队平均年龄只有30岁上下，在制片人李欣的带领下，走过了九个春秋。年轻人们的创新意识和团队精神，使得原本枯燥晦涩的历史文化内容新颖独特，吸引了多个年龄层的观众。2011年新闻频道开播后，《这里是北京》栏目加大了对新北京城市发展的关注度，开始从新闻人的角度思考城市发展与文物保护的矛盾与协调。房山长沟大墓便是在北京文化硅谷开发过程中发现的古墓，无论是现场直播还是《探墓手记——镜头背后的北京唐墓传奇》，都可以看到记者们对"古墓未来保护"与"开发区建设"的关注与追问。正是记者们新闻敏感度与思维高度的提升，使他们对这一重要的选题进行了深入的开掘。

《这里是北京》栏目组用半年的时间跟踪拍摄了房山长沟大墓的发掘

全过程，积累了最完整的视频资源，与新闻中心各部门联手，促成了一个集"新闻发布"、"专题报道"、"现场直播"、"纪录片"于一体的完整方案，加上《探墓手记——镜头背后的北京唐墓传奇》的出版，实现了新闻资源最大限度的整合利用。

这次大墓直播，被赋予了很多光环，对于我们来说，这是北京电视台第一次对考古题材进行直播，也是第一次将多个演播区域设置在发掘现场。而对于文物部门来说，这是北京目前发现的最大唐墓，墓主人刘济墓身为唐代北京的最高长官，研究价值极高。但我们应该同时关注一个细节，自金代迁都算起，北京在2013年迎来了建都的第860个年头，而房山长沟大墓的发现使北京的城市文明向更深邃的空间——唐代幽州进一步延伸。这场直播，占据了天时地利人和的多重优势，可谓是一次机缘。

然而台前的绚烂与幕后的艰难总是同时存在。记得2013年5月，微信"大墓直播群"里传来了一张照片，图片说明是：第一次在古墓里吃西瓜。显而易见，记者们在闷热的墓室里早已汗流浃背，温吞的西瓜也难祛暑热。这样的跟拍工作持续了一个多月，在6月11日直播前夜，策划会开到了凌晨，但大家依然没有预料到第二天会下起中雨。雨水把直播现场搅合得一片泥泞，却没能带走墓室里高达四十多度的暑热。

直播的困难，对于我们这些新闻人来说是必须面对的家常便饭，但对于其他保障部门，尤其是文物工作者来说却是前所未有的难题。为了保证考古工作合理有序地进行以及出土文物的安全，北京市文物局舒小峰局长亲自带队，在直播现场外通过监视器全程督战。文物研究所宋大川所长则率队在考古现场负责一切协调工作。

电视，是个需要团结协作的事业，一场短短两三个小时的直播，往往要凝聚几十人的智慧与努力。我们无法像颁奖仪式一样一一感谢，但出色的直播呈现以及像《探墓手记》这样值得留存的衍生品的诞生，都将使我们深刻体会到参与其中的种种价值，进而为观众、读者呈现更多的文化盛宴。

北京电视台副总编辑

# 后记一

这本书截稿的时候，一个重要的读者却已无暇斧正，他就是我们的老台长——王晓东。11月19日，书稿已经送去排版，却犹如一份迟到的报告，没来得及送到王台手里，他便匆匆忙忙地去处理另一项工作，恍惚间总觉得他忙完了便会回来审阅，但这一走竟成了永别。

或许因为他是台长，过多的溢美之词难逃阿谀之嫌，引来读者嫌隙。但是我想我们真实的感情，不该被世俗的妄想所驱逐，为证清高而不动情，是一种变相的势利。

作为记者，我们本应与王台接触的机会不多，但能时刻感受到他对栏目的关注。"要打开思路，把北京文化做深做广，新北京也要关注！"这是王台对我们说过的话，这些年《这里是北京》一直沿着这条路前行。

王台从不掩饰他对北京文化的热爱，跟栏目的第一次隔空对话竟是索要《这里是北京》的系列丛书。随后的日子里，我们经常能接到台长办公室传真过来的各种报纸的文化版，上边圈注着诸如"此类选题可以关注"的台长批示，《这里是北京》曾经播出的"京城名人故居行"、"北京门联"等等选题线索都是如此得来的。

第一次跟王台的频繁接触是在《这里是北京》出版系列丛书第六册的时候，在我的印象里，他是第一个主动要求为书作序的台领导，而且在撰文的过程中多次打电话询问栏目的一些细节。至今我们在《这里是北京》第六册书的序言里还可以看到很多准确的数字，如果不是他的过问，或许我们永远也想不起来去统计这些信息。同样是在他的提议下，《这里是北京》将第六册图书捐赠给了首都图书馆，《这里是北京》从此从一档单纯的电视栏目，变成了一个传承北京文化的立体载体。

作为《探墓手记——镜头背后的北京唐墓传奇》的后记，前面的话看似有些跑题，其实不然。房山长沟大墓发掘直播前后，病榻上的王台一直在予以关注。如果他能看到这份书稿，定会予以指正，或许会给我们带来更多的启发。而这次房山长沟大墓相关作品所得到的台内各方各面的支持，无不得益于一种弥漫在全台上下的文化之风。

老话说"众人拾柴火焰高"，但众人拾柴的过程中一旦出现差池，烧了房顶的可能性也是有的。坦白地讲，在这次房山长沟大墓直播的过程中很多事情做得并不完美，但北京有句口头语叫"您多担待"，正是那些没来得及采访的专家、没顾得上吃饭的记者、没能使用上的设备、没机会谋面的嘉宾以及那些因为直播延时而被拒之门外的同行们的"多担待"，才促成了这场直播的完美呈现。

我们不想把这次房山长沟大墓的意义拘泥于"第一次"，同样，也不想把这其中的瑕疵归咎于"第一次"。作为新闻工作者，改进和学习，是日常工作的一部分。正是这样的初衷，促使了《探墓手记——镜头背后的北京唐墓传奇》的诞生，创作的过程是学习的过程，也是反思的过程。

2013年12月

# 后记二

电视人写书，不新鲜，前面先辈已很多，有成功的，也有被拍板砖的。一般说来，无大名气的、却还勇敢地往上冲，激扬文字，非要以书的形式试试除观众以外的读者的心理承受力。我们仨就是这样的电视人。试试吧，不试怎么知道？

写这本书，还有一个原因，那就是给普通电视人正正名，不少人说电视人没文化，扛个机器满街晃，只会所谓用镜头说话。那我们就想了，成不成的得试了再说，豁出去当回先驱了。不应该是先驱、最起码也是个先烈，名字在这摆着呢。

其实写这本书的最重要的原因，是因为，如果我们不写，这段北京唐代历史故事就会少一笔，即便有人想写了，也不会写成这样。亲历者、独特视角者、记录者、拍摄者、参与者……最后变成作者。

没有人逼我们当这个作者，首先是自愿，其次是有激情。最后是想完美。电视新闻、电视专题、电视纪录片、电视直播，再加上这本书，应该能够比较完整、完美地记录这段不可复制的、北京史上难得的考古发现。

电视人写书还有一个难度，那就是在现场主要的经历和工作都放在了电视职务行为上，对于照片的拍摄、资料的收集等工作无暇顾及。因此，没有朋友以及相关人士的帮忙，这本书不会这么丰富。所以这里要特别感谢北京市文物局、北京市文物研究所及"房山长沟大墓"发掘考古队的朋友们；感谢房山区委宣传部、房山区文化委员会；感谢出书过程当中给予我们帮助的栏目的同事们，是他们的努力工作才换来这本书的丰富多彩，还有两位在书的策划期间就一直帮忙出谋划策的老朋友：北京史研究会副会长谭烈飞先生以及中国书店出版社总编辑马建农先生。方方面面要感谢的人实在不少，挂一漏万。肯定会有漏掉的，在此一并鞠躬答谢！

　　这是一次有益的尝试，如果成功，我们愿意把电视人变成全活人，挤点自己的时间，为北京这座城市多做点值得记忆和回味的事。

2013年12月

图书在版编目（CIP）数据

探墓手记：镜头背后的北京唐墓传奇 / 李欣等著.
-- 北京：文化艺术出版社，2014.1
ISBN 978-7-5039-5716-1

Ⅰ.①古… Ⅱ.①李… Ⅲ.①唐墓—考古发掘—北京市 Ⅳ.①K868.8

中国版本图书馆CIP数据核字(2013)第264733号

**探墓手记**
——镜头背后的北京唐墓传奇

| 著　　者 | 李　欣　张　妍　闫　焓 |
|---|---|
| 责任编辑 | 陶　玮 |
| 装帧设计 | 马夕雯 |
| 图片提供 | 李欣、北京市文物研究所参与长沟大墓考古发掘人员、房山区新闻中心等 |
| 出版发行 | 文化藝術出版社 |
| 地　　址 | 北京市东城区东四八条52号　（100700） |
| 网　　址 | www.whyscbs.com |
| 电子邮箱 | whysbooks@263.net |
| 电　　话 | （010）84057666（总编室）　84057667（办公室）<br>　　　　84057691—84057699（发行部） |
| 传　　真 | （010）84057660（总编室）　84057670（办公室）<br>　　　　84057690（发行部） |
| 经　　销 | 新华书店 |
| 印　　刷 | 北京圣彩虹制版印刷有限公司 |
| 版　　次 | 2014年1月第1版 |
| 印　　次 | 2014年1月第1次印刷 |
| 开　　本 | 710×1000毫米　1/16 |
| 印　　张 | 19 |
| 字　　数 | 200千字 |
| 印　　数 | 6000册 |
| 书　　号 | ISBN 978-7-5039-5716-1 |
| 定　　价 | 42.00元 |

版权所有，侵权必究。如有印装错误，随时调换。